滇版精品出版工程入库项目（2020—2025年）

百年巨变
布朗族莽人社会变迁

杨六金　于　兰◎著

云南出版集团
云南人民出版社

图书在版编目（CIP）数据

百年巨变：布朗族莽人社会变迁 / 杨六金，于兰著.
— 昆明：云南人民出版社，2021.5
ISBN 978-7-222-20039-5

Ⅰ.①百… Ⅱ.①杨… ②于… Ⅲ.①布朗族－社会变迁－研究－云南 Ⅳ.①K286.1

中国版本图书馆CIP数据核字(2021)第029749号

出 品 人：赵石定
责任编辑：高　照
装帧设计：昆明昊谷文化传播有限公司
责任校对：王　韬　周　彦　董郎文清
责任印制：李寒东

百年巨变： 布朗族莽人社会变迁
杨六金　于　兰　著

出版	云南出版集团　云南人民出版社
发行	云南人民出版社
社址	昆明市环城西路609号
邮编	650034
网址	www.ynpph.com.cn
E-mail	ynrms@sina.com
开本	720mm×1010mm　1/16
印张	21.25
字数	256千
版次	2021年5月第1版第1次印刷
印刷	云南出版印刷集团有限责任公司国方分公司
书号	ISBN 978-7-222-20039-5
定价	88.00元

如需购买图书、反馈意见，请与我社联系

总编室：0871-64109126　编辑部：0871-64199971　审校部：0871-64164626　印制部：0871-64191534

版权所有　侵权必究　印装差错　负责调换

云南人民出版社微信公众号

与莽人三十年的不解之缘
（代自序）

30多年前，我在中国西南边陲的大山中，见到了一群贫穷落后的同胞。他们当时的情形是不洗脸、不洗脚、不梳头，岩洞当房住、树皮当衣穿、野果当饭吃，但他们是我们中华民族大家庭中不可分割的一分子。作为生活和工作在基层的社会科学工作者，我们没有理由不去关注他们。因此，我用了30余年的时间，观察这个族

30年前，笔者在雷公打牛村第一次向莽人老人小陈大采访莽人社会历史情况

群的社会经济发展，调研这个族群社会文化的变迁。在本书中，我们把多年来的跟踪调查用文字和图片呈现出来，与大家一起分享。

我所跟踪调研的莽人，是中国少数民族中人口很少、社会发育程度很低，却从原始社会末期一步跨入社会主义社会的族群。2009年3月，国家正式批准莽人归属布朗族，仍保留"莽人"之名（以下简称莽人）。20世纪50年代以前，他们散居在云南省金平县境内的高山密林间，靠近中越边境线，与相邻的民族交往很少，过着"有饭大家吃、无饭大家饿"的原始共产主义生活。1949年中华人民共和国成立后，党和政府非常关心莽人的经济文化生活。中共金平县委和驻金边防部队联合组成民族工作队，到原始森林中去宣传党和政府的民族平等政策，动员莽人出林定居定耕，给他们发放粮食、盐巴、衣服、炊具、农具、耕牛等救济物资，帮助他们建盖房屋，开田种地，把东一家西一户的12个窝棚点，合并为4个自然村（据1960年统计，共64户312人）。从此，莽人结束了在原始森林中游居

20世纪50年代末，政府动员莽人出林定居建寨时遗留下来的雷公打牛村

游耕的艰辛生活，走上了新的生活道路。

莽人虽然出林定居，但因居住在高山林边，交通十分闭塞，4个莽人村寨之间相隔甚远。如雷公打牛村两面环绕异国领土，只有两座悬崖与祖国相连，当地群众若欲与村委会联系，必须绕过两座险恶的悬崖，出行非常不便。特别是坪河中寨和坪河下寨，两个村子都在陡峭的山坡上，即便是骡马好也很难走上去。两个村子与外界的交往通道，仅是一条从原始森林和深谷中穿过的毛路。每逢雨天，外面的人几乎无法进入莽人村寨。莽人男女老少的生活，更是原始粗朴。他们很少洗脸、洗脚和梳头，吃的是玉米、木薯和野菜、野果，很难吃到一餐米饭，穿的衣服也十分破烂，大多数人家没有被子，只能是垫着竹篾编织的席子在火塘边过夜。因此，我每次去做调查都是睡在火塘边上，特别是到了后半夜，火塘的柴火快要熄灭之时会在睡梦中被冻醒，只好起来重新加些柴火后才能入睡。调研虽然艰辛，但却为研究提供了坚实的基础。从此，我每年都会用大量时间到莽人村寨做田野调查。

屈指一算，从1989年至今，我跟踪莽人社会变迁的调查研究已跨越世纪。30余年间，我到莽人村寨调研的次数达135次。其中，有3次，给我留下了刻骨铭心的记忆：第一次去莽人村寨南科，虽有了公路，但塌方不通车，只好步行两天，从勐拉到南科新寨；第三天，再由陈进兴的父亲陈大从南科新寨带我去坪河中寨。那天下着小雨，浓浓的雨雾遮住了我们的视线，致使我们两人在林中来回穿梭，走来寻去，始终找不到出去的路，最后迷失在中越边界的原始森林里，并在那里过夜。森林的夜间十分恐怖，地上弥漫出的寒气，让我有种阴森森的感觉，各种野禽的叫声，更使我彻夜未眠。第二天早上我们走出原始森林，到坪河中寨时，已是中午12点多。到村子后，本想美餐一顿，可没想到，村里人误认为我是异国特

30年前，笔者在坪河下寨调查时与该村村民小组长陈小大（左）合影

30年后，笔者在调查时与坪河下寨原村民小组长陈小大（右）合影

20世纪80年代，雷公打牛村的陈大妹在劳作

30年后，穿着整洁的陈大妹

1996年10月，笔者在红河哈尼族彝族自治州人大民工委和金平苗族瑶族傣族自治县人民政府有关领导的陪同下，到雷公打牛村调研。右二为州人大民工委主任李云飞

1997年8月，笔者与南科村委会主任李有福（右）前往莽人村寨，途经原始森林

工，将我捆了起来。在饥饿中煎熬了一个多小时后，村里的民办教师在我的包里找到了州、县政府开具的证明，疑虑也才得以消除，我也才得以松绑。真想不到，我对莽人的研究，竟经过了一番风雨的洗礼。第二次是1996年11月，我与红河哈尼族彝族自治州（以下简称红河州）人大民工委主任李玉飞等5人去雷公打牛村，返回的途中被恙虫叮咬，当晚高烧不退，昏睡不醒，被紧急送到矿山医院抢救。第三次是1997年8月，我和南科村委会主任李有福下乡到莽人村寨和苦聪人①村寨调研。那个时节正是雨季，白天晚上都下着小雨。在从老白寨苦聪人村返回村委会的路上，我突然尿急难忍，想解小便，低头一看，暗绿色的蚂蟥尾巴在我的尿道口摇动。当时我害怕极了！后来，李有福用一根细线，拴住蚂蟥尾巴，使劲一拽，蚂蟥被从尿道口拉出，带出了许多血，而剧烈的疼痛几乎使我休克。

  1997年秋天，上级有关领导知道我和莽人的关系后，州委的一位领导找我谈话说："当地政府领导告诉我，你研究莽人十余年，莽人群众相信你，很听你的话，你下去挂职两年，指导他们发展经济，还可以进一步研究莽人的社会历史文化。"我当即表示愿意，到金平县金水河镇政府担任副镇长后，我尽力做好自己分管的工作，经常到莽人村寨和苦聪人村寨调研，教他们选粮种、栽菜、发豆芽、做豆腐、腌酸菜……还从外地带进25个适宜高寒山区种植的水稻品种进行试种，有2个获得成功，亩产达到300多千克。这个产量在其他地区可以说是微不足道，但在莽人聚居区却是了不起的数字。他们惊异地说："这谷种神了，结出了那么多的谷子。"随后，莽人聚居区广泛推广了杂交稻。同时，我协调相关资金，在坪河中寨盖了一幢学校和卫生室，并先后带领3批莽人到昆明、西双版

---

  ① 苦聪人：拉祜族的一个支系。

1998年7月，笔者在南科村委会向莽人、苦聪人妇女示范种菜技术

1999年8月，笔者在雷公打牛村田间向村民小组长罗开文传授选良种技术

1996年12月，笔者为了解决莽人归族问题，第一次与红河州民委和金平县民委组织莽人干部群众到西双版纳傣族自治州勐腊县克木人村寨交流座谈

2002年10月，笔者为了解决莽人归族问题，第二次与红河州民委和金平县民委组织莽人干部群众到普洱市澜沧拉祜族自治县惠民乡布朗族村寨交流座谈后合影

1999年11月,笔者带领莽人、苦聪人妇女到昆明参观考察

2000年,笔者与推荐的3名莽人中师生合影(左起:陈素珍、罗素芬、刀文兴)

2000年2月，笔者在金水河镇第三届人民代表大会第二次会议上作政府工作报告

2000年4月，笔者在"金水河镇二〇〇〇年扶贫工作会议"上讲话

纳、个旧、建水等地参观学习。初次走出山寨的莽人兄弟看到外面的世界,个个百感交集,感慨万分!他们问这问那,纷纷道出自己的心声:"原以为电视里放出来的高楼大厦、密如蜘蛛网的公路和如蚂蚁爬行的汽车都是假的,今天亲眼看到,看来都是真的。"坪河中寨的龙四祥在昆明参观时说:"这次回去,我要动员全家勤耕细作,少喝一顿酒,少吃一斤肉,多节约一点钱,全家人出来走走看看,学学人家的先进技术。"1998年在金水河中学读书的3名莽人学生因家庭贫困而辍学,我先后往返3次,到他们家里动员他们回学校读书,并用自己微薄的工资为他们支付学费,还与有关单位协调,解决他们的生活费用。鉴于莽人中没有一个中专生的情况,我请求红河州政府和金平县政府,特招3名学生到红河州民族师范学校读书。2003年2月,3名莽人学生顺利完成学业,走出学校大门,成了莽人第一代中师毕业生。

1999年1月,金平县金水河镇换届选举,不是中共党员、不是人大代表、不是镇长候选人的我,赢得了全镇群众的信任,被人民代表选为镇长。此后,当地干部群众把我当作他们的亲人,有的称我"莽人头头",有的称我"莽人主席"。这些朴实的称呼,既是对我的殷切期望,也是对我的一种鼓励和肯定。

2000年11月镇长任满后,我回到原单位——红河州民族研究所,任副所长。同年12月,红河州委、州政府分配各单位扶贫挂钩点时,我们单位就分在金平县莽人聚居的金水河镇南科村委会,单位领导班子分工时,又让我分管扶贫工作。这样,我去莽人村寨的时间更多,每年最少都要去两三次。

2003年冬,我与红河州第二人民医院领导协调,带领州二院妇产科、五官科、化验科、功能科、检验科、供应科、外科、精神科等科的10个医生到莽人村寨,对莽人群众进行全面体检,并免费发

20世纪90年代以前,大多数莽人生病时会请魔公驱鬼治病,很少去医院看病

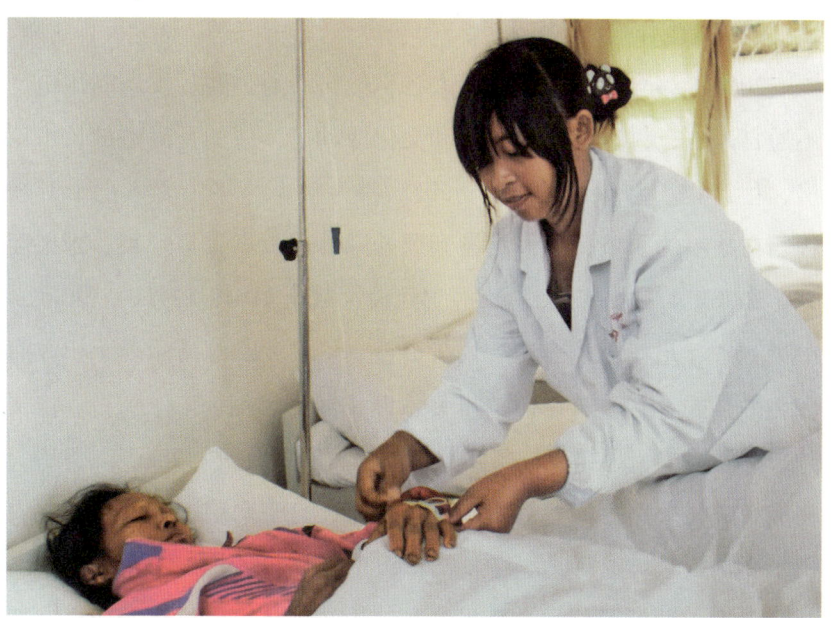

自从莽人有了本民族的山区医生,生病不再请魔公驱鬼治病。图为莽人医生罗自芳给病人输液

放药品等，得到了上级领导的赞扬和当地群众的好评。

挂职期间，我本打算把莽人调查材料整理成稿，但担任镇长后公务繁重，实在抽不出时间和精力撰写，只好一边调研一边整理材料。2004年，我16年跟踪考察研究的专著《一个鲜为人知的族群：莽人的过去和现在——十六年跟踪实察研究》一书正式出版发行。此书先后荣获首届中国出版政府图书奖提名奖、教育部成果普及奖、中国西部九省（区）优秀教育图书二等奖。2008年1月26日，该书的部分内容，由中办秘书局摘登在《每日汇报》中。中共中央总书记胡锦涛和国务院总理温家宝同时作了重要批示后，云南省委、省政府主要领导也分别作了批示。随后，国务院扶贫办领导和云南省政府领导，分别率国务院和省级有关部门到莽人村寨查看莽人生产生活情况，还专门召开云南省莽人发展协调领导小组会议，研究扶助莽人的有关工作，并制定扶持发展规划，明确了项目资金渠道，落实了工作措施。

2008年综合扶贫以前，莽人各自然村不通公路、不通高压电、不通自来水，村里没有卫生室和文化活动室，住的是简陋的竹木草房，生产以刀耕火种为主、水田农耕为辅，一年中有六七个月缺粮。在缺粮的季节，他们就搬到原始森林边，靠采集野菜、野果度日。2008年4月扶持项目全面开工建设，截至2010年12月的三年间，中央、省、州三级政府先后划拨资金一亿多元。红河州委、州政府和金平县委、县政府按照"州负总责、县抓落实、工作到村、扶贫到户"的要求，狠抓工作落实，各项工程顺利推进。2010年3月底，完成了进村公路、人畜饮水管道、水池、自来水引进、防渗硬化农田水利沟渠、坡改梯地、中低产田改造等项目，推广了杂交水稻、杂交玉米，种植了杉木、草果、茶叶等经济林木；还建安居房、架设高压输电线路、安装一户一表，并配套建设了村庄绿化、排水系

搬迁前的雷公打牛村一角

牛场坪莽人新村一角

30年前，笔者在雷公打牛村拍摄的莽人男孩：罗阿初（右）、罗海（中）、罗剑（左）

30年后，笔者在牛场坪村拍摄的莽人青年：罗阿初（右）、罗海（中）、罗剑（左，现任村民小组长）

统、道路硬化、沼气池等附属设施以及小学、卫生室、文化活动室等。可以说，三年的综合扶贫，解决了莽人的贫困和归属问题，打破了过去的陈规陋习，提高了思想意识，社会经济文化全面发展，扶贫达到了预期目标，奠定了莽人脱贫致富奔小康的基础。

习近平总书记在党的十九大报告中指出，坚决打赢脱贫攻坚战。要动员全党全国全社会力量，坚持精准扶贫、精准脱贫，确保到2020年我国现行标准下农村贫困人口实现脱贫。为实现这一目标，金平县委、县政府及金水河镇党委、政府为了不让莽人兄弟掉队，与全国各族人民一道脱贫迈入小康社会，在莽人聚居区综合扶贫、脱贫致富的基础上，调整产业结构，结合莽人聚居区地广人稀、土地资源丰富等特点，立足当地资源，实现就地脱贫。近几年来，在各级党委、政府的正确领导和支持下，金水河镇党委、政府在提高莽人聚居区粮食产量的同时，加大对莽人聚居区精准脱贫的力度，把有发展潜力的草果、板蓝根、香茅草、瑶药、油茶、灵香草等中草药和木薯、甘蔗等经济作物种植，作为莽人脱贫致富奔小康的主要产业。多次派工作队员和农科人员到莽人村寨，手把手地教他们种植技术，同时动员部分剩余劳动力外出打工，增加经济收入。按照云南省委、省政府决定的贫困退出标准，2016年末，莽人人均有粮462公斤，人均纯收入4220元。住房安全、义务教育、基本医疗、饮水安全等，已完全达到云南省的贫困退出标准。2020年，莽人人均有粮462公斤，人均纯收入达7202元，98%的人家有了彩电、冰箱、洗衣机和摩托车，少数农户买了汽车，与其他兄弟民族一道，步入了奔小康的大道。在社会经济全面发展、物质生活逐步充裕的同时，莽人的精神面貌也随之发生改变。用上互联网的莽人兄弟除了打电话，还经常给我发微信，告诉我村寨的变化，并邀请我去过年或参加他们的婚礼。从他们的幸福生活之中，我深切地感

百年巨变

布朗族莽人社会变迁

30年前，笔者与雷公打牛村莽人老人陈二阿哼合影

30年后,笔者与搬迁到牛场坪新村的陈二阿哼合影

笔者在龙凤村新建好的民居前向部分莽人村民宣传少数民族地区精准扶贫政策

2009年6月18日，笔者在牛场坪新村接受中央电视台记者采访

受到：从原始社会末期直接跨入社会主义社会的莽人兄弟，不但物质生活得到改善，精神文化生活也发生了巨变。而这样的奇迹，只有在中国共产党的领导下才能够出现。

  时光如梭，岁月留痕。30余年的田野作业，让我的付出有了回报，让我的调研有了成果。我记录了一个鲜为人知的族群，记录了党和国家对莽人特殊关怀和政策扶持的历程，也记录了我的人生道路。令人遗憾的是，我采访过的38位莽人长者，已有21位相继去世，他们生于厮、长于厮，为莽人的发展付出了无数心血和汗水。在本书即将付梓之时，对他们表示深深的谢意。

杨六金　于　兰
2021年2月20日

目 录

绪言：莽人社会历史发展概况 …………………………………… 1

第一章　新中国成立前的莽人社会历史 …………………… 17
　第一节　渊源、称谓和语系 ………………………………… 19
　第二节　林中避难的历史 …………………………………… 22

第二章　新中国成立后的莽人社会经济变迁 ……………… 27
　第一节　新中国成立初莽人分布和居住环境 ……………… 30
　第二节　党和政府动员莽人出林定居定耕 ………………… 35
　第三节　迈进社会主义社会的莽人新生活 ………………… 38

第三章　现代文明对莽人的呼唤 …………………………… 51
　第一节　现代历法替代原始物态历法 ……………………… 53
　第二节　现代文字替代原始刻木记事 ……………………… 60
　第三节　现代火柴、打火机替代原始钻木取火 …………… 67

第四章　现代器具对原始器具的改变 ……………………… 75
　第一节　现代狩猎器具替代原始狩猎工具 ………………… 79
　第二节　现代生产器具替代原始生产工具 ………………… 82
　第三节　现代生活器具替代原始生活工具 ………………… 85

第五章　现代农业易换传统农耕 …………………………… 97
　第一节　现代食物替代原始采集和狩猎 …………………… 100
　第二节　现代水田农耕替代传统刀耕火种 ………………… 105

第三节　现代科学种田替代传统耕种方式 ……………………… 118

第六章　现代科学在莽人生活中的应用 ……………………………… 123
　　第一节　现代教育对传统陋习的改变 …………………………… 126
　　第二节　现代医疗替代魔公驱鬼治病 …………………………… 137
　　第三节　现代交通运输替代传统人背马驮 ……………………… 151

第七章　现代村落文明对莽人传统村落的改变 ……………………… 161
　　第一节　现代村落格局替代传统村落格局 ……………………… 164
　　第二节　现代民居替代传统民居 ………………………………… 167
　　第三节　现代村落组织替代传统村落组织 ……………………… 182
　　第四节　现代村规民约替代传统民间村规 ……………………… 187

第八章　当代莽人社会生活的巨变 …………………………………… 201
　　第一节　党中央、国务院给予莽人特殊扶贫政策 ……………… 203
　　第二节　各级党委、政府大力支持莽人精准扶贫 ……………… 209
　　第三节　实现了从"输血"向"造血"的转变 ………………… 225
　　第四节　展现新时代焕然一新的莽人山区美丽家园 …………… 229

附录一：历届莽人村干部和外出工作、参军等人员名录 ………… 243

附录二：莽人对生态资源的保护和利用 …………………………… 253

附录三：莽人调研纪事 ……………………………………………… 281

参考文献 ……………………………………………………………… 307

后　记 ………………………………………………………………… 310

绪言：
莽人社会历史发展概况

我国云南省的西南部，山峦连绵，森林茂密。在气象万千、资源富饶的山地里，居住着勤劳勇敢的莽人。他们是20世纪50年代初出林定居定耕的一个小族群，直接由原始社会末期跨越几种社会形态过渡到社会主义社会。2009年3月，国家正式批准莽人归属布朗族。

从行政区划来论，莽人居住在今云南省红河州金平县金水河镇的南科村委会和乌丫坪村委会的刀寨山、草果坪山、夫展山、坪河山、南科梁子、老白寨梁子等山梁上，这些山梁全被原始森林覆盖。山头丛林密布、气势雄伟，山脚峡谷温湿妩媚，地质地貌十分壮丽动人。每天清晨，浓雾四起，凝聚成一望无垠的耀眼云海，莽人村落就分布在飞跃翻腾的云海之间。

莽人源于古代"百濮"。莽人自称为"莽"，兼有"山民""聪明"之意。他称有"岔满""插满"等，是当地兄弟民族对莽人的称呼，汉意为"生活在高山上的人"。

莽人语言属于南亚语系孟高棉语族莽语支。李道勇教授说："莽语属于南亚语系孟高棉语族莽语支。同属于该语族的语言在我国尚有佤语、布朗语、德昂语、克木语等。"[①]另据莽人传说，他们曾经有过自己的文字，但后来被大火烧掉了。因此，现在的莽人只有语言，而无文字。三个莽人村寨村民的语言存在某些语音上的差异，但不影响彼此之间的交流。

新中国成立以前，莽人在颠沛流离的民族大迁徙的过程中，避

---

① 李道勇：《莽村考察》，载《中央民族学院学报》，1993年第1期，第61页。

居在莽莽的林海中。当时许多人家买不起铁器工具，仍然用木锄、木耙、木棍来点种。生活中，竹筒和芭蕉叶是莽人的重要炊具。穿着方面，莽人主要用兽皮和其他物品向邻近民族换取旧衣服，或者用兽皮、芭蕉叶、树皮等遮挡身体。那时，莽人的耕作技术较原始，大多数人家一年当中有三四个月的时间缺粮，有的甚至长达半年没有粮食吃。饥饿之时，他们便外出采集野菜、野果充饥。有时全家搬到采集地点，搭起挡风棚，边采边食，过着居无定所的原始采集生活。

新中国成立后，20世纪50年代初，刚成立不久的金平县委、县政府，根据上级党委政府的指示，与驻金边防部队组建民族工作队到原始森林里寻找莽人同胞，向他们宣传党的民族政策，动员他们出林定居定耕。同时向莽人发放粮食、食盐、衣服和其他生产、生活用具等物资，还帮助他们建盖房屋，教他们耕田种地。经过多次动员，并以邻居苦聪人为实例，让莽人亲眼看到了定居定耕后的苦聪人在生产、生活等方面发生的巨大改变，莽人终于出林定居定耕。20世纪60年代初，莽人在原始森林中的雷公打牛旧寨、刀家寨、布窝寨、河头寨、平河上寨、平河中寨、平河下寨、薄乌村、管木村、那折村、边界村、草果坪村、龙树河村、南科村14个散居点合并为雷公打牛村、坪河中寨、坪河下寨、南科新寨4个自然村，共有64户312人。从此，莽人结束了在原始森林里游居游耕的艰辛生活，走上了新的生活道路。

20世纪60年代中期，莽人生活较为稳定。从60年代末到70年代末，有些莽人出林定居定耕后又全家返回森林居住，一年间只来村一两次。笔者在调查中发现，他们搬回林中住的主要原因有两个：一是由于各种政治因素，有些部门顾及不到他们生活困难；二是因为他们是从原始社会直接过渡到社会主义社会，社会发育程度较

20世纪50年代以前,平河中寨莽人散居点后山的原始森林

20世纪50年代以前,布窝山上大罗大家的祖父居住过的石洞

百年巨变 布朗族莽人社会变迁

过去莽人在原始森林中采集野果充饥

过去莽人经常采食的野生无花果

新中国成立前,平河中寨莽人散居点游居游耕过的原始森林

低,再加上耕种技术落后、粮食产量低,造成缺粮,因而他们又回林里采集野物充饥。这十余年,虽然他们过着流动的生活,但他们的国家认同感和民族认同感仍然很强。

1978年党的十一届三中全会召开后,全党的工作重点转移到社会主义现代化建设上来,开启了改革开放的伟大进程。在各级党委、政府的正确领导和帮助下,莽人因地制宜发展经济文化。20世纪90年代开始学习农业科学种田,学会了在田地里使用化肥、农药、除草剂等,在低海拔地区水田里试种杂交水稻,在台地里试种杂交玉米。自从种植杂交水稻和杂交玉米后,除了少数农户外,大多数农户都能自给自足。此外,住房也有所改变。过去莽人住的是干栏式楼房,墙壁用竹片和小树木围栏,屋顶用茅草铺盖。现在,80%以上的农户都盖起了石棉瓦房。村里还有少数农户买了碾米机、

20世纪50年代初，民族工作队入林寻找莽人同胞（1999年8月，杨毓骧 供稿）

20世纪50年代，莽人居住过的平河中寨散居点

小型摩擦电发电机、黑白电视机、VCD播放机等。

2008年1月26日，中共中央总书记胡锦涛在中办秘书局《每日汇报》中刊登的《云南莽人和克木人目前生存、发展中面临的问题》上作了重要批示："请云南省委、省政府研究提出扶助措施，帮助其尽快摆脱贫困。"2008年1月26日，国务院总理温家宝在国务院办公厅秘书一局《专报信息》（109期）中刊登的《国家民委反映云南莽人、克木人生产生活较为困难》上作了重要批示："请扶贫办商同云南省政府和有关部门提出政策措施，下决心解决莽人、克木人生产生活问题。"[1]同年1月28日，云南省委、省政府主要领导也分别作了批示。国务院扶贫办、云南省政府及省级有关部门的领导先后到莽人村寨察看了解莽人生产生活情况，专门组织召开莽人发展协调领导小组会议，研究扶助莽人的有关工作，制定了扶持莽人发展规划，明确了项目资金渠道，落实了工作措施。

2008年4月，中共红河州委、州政府和中共金平县委、县政府

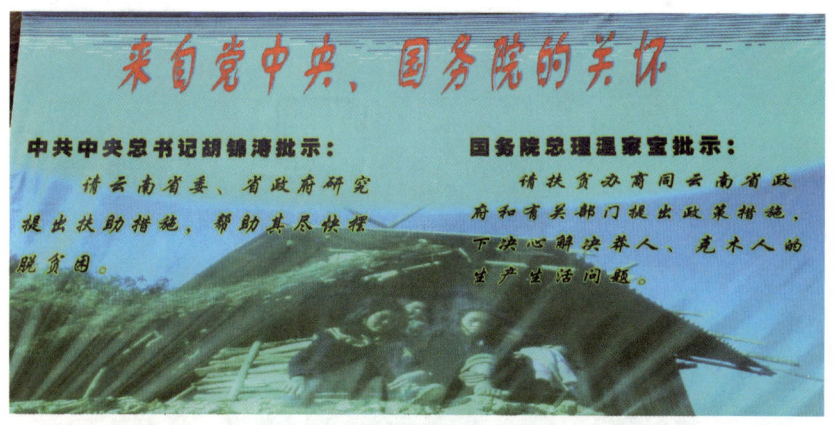

莽人综合扶贫展板之一。2008年1月26日，中共中央总书记胡锦涛和国务院总理温家宝对云南莽人、克木人在生存和发展中面临的问题所作的重要批示[2]

---

[1] 批文原件收藏于中共云南省委办公厅。
[2] 插图引自《金平莽人综合扶贫工作纪实》，2010年3月。

20世纪90年代,坪河中寨莽人购买的小型摩擦电发电机

20世纪90年代末,坪河中寨罗三家正在收看电视(这是莽人的第一台黑白电视机)

按照项目实施方案要求，全面开工建设与莽人生产生活密切相关的基础设施，2010年3月底全面完成综合扶贫项目。过去莽人村寨不通公路、不通自来水、没有高压电和厕所的状况得到了改善，现在村村寨寨都通了公路，村里有了水泥路、自来水、高压电和厕所；过去莽人村寨的村民都没有见过台式电话机，如今年轻人几乎都有了手机；过去莽人住的是竹木围墙、屋顶盖草的破烂房子，现在家家户户都住进了砖墙瓦顶的洋楼。如今村村寨寨都配套有卫生室，还配备了乡村医生；村村寨寨都开设了党员活动室和文化活动室等；各村还会定期不定期地举办科学种植养殖科技培训等。综合扶贫的三年，是新中国成立以来，党和政府对莽人扶贫力度最大、资金投入最多的三年，也是莽人聚居区发展最快的三年。其扶贫项目的实施，使莽人聚居区的基础设施建设得到了跨越式发展，生产生活条件得到极大改善，环境卫生、村容村貌有了显著变化，莽人的综合素质明显提高，精神面貌焕然一新，到处呈现出一片欣欣向荣的社会主义新农村景象。①该项目建设的成功，为莽人脱贫致富打下了坚实的基础。

在党的十六大、十七大确立全面建设小康社会目标的基础上，党的十八大提出"确保到2020年全面建成小康社会"。习近平同志在党的十九大报告中指出，坚决打赢脱贫攻坚战。②为贯彻落实党的十九大报告精神，金平县委、县政府及金水河镇党委、政府为了不让莽人兄弟掉队，与全国各族人民一道脱贫迈入小康社会，调整产业结构，结合莽人聚居区地广人稀、土地资源丰富的特点，立足当

---

① 中共金平苗族瑶族傣族自治县委员会、金平苗族瑶族傣族自治县人民政府编：《太阳下的村庄：金平县莽人综合扶贫工作纪实》（内部印刷），2013年3月，第12—13页。

② 全国干部培训教材编审指导委员会组织编写：《决胜全面建成小康社会》，人民出版社、党建读物出版社，2019年，第8页。

笔者在龙凤村给莽人群众宣讲党和政府的扶贫政策

地资源,实现就地脱贫。在上级党委、政府的正确领导和支持下,金水河镇党委、政府在提高莽人粮食产量的同时,因地制宜,把有发展潜力的中草药作为莽人脱贫致富奔小康的主要产业。镇党委、政府加大对莽人精准脱贫工作的力度,派工作队员和农科人员到莽人村寨,手把手地教他们种植和养殖技术。按云南省规定的脱贫标准来看,2016年,莽人人均有粮462公斤,人均纯经济收入4220元。莽人不仅粮食产量和经济收入有了提高,而且住房安全、义务教育、基本医疗、饮水安全等都达到了脱贫标准。2020年,莽人人均有粮463公斤、人均纯经济收入达到了7202元①,现在莽人与全国各兄弟民族一样脱贫致富并迈入小康社会。

20世纪80年代以前,笔者在田野调查中目睹了在他们的生产生活中还存留着"有饭大家吃,无饭大家饿"的原始共产主义生活方式,当年他们住的是破房,穿的是烂衣,吃的是野菜野果。如今在他们的生活中不仅物质文化有了的巨大发展,而且精神文化面貌也焕然一新。过去原始落后的莽人如今不复存在了,莽人聚居区充满着欣欣向荣迈进小康社会的气息。莽人这样一个原始的族群,能在短短的30余年间改变得如此神速,这种奇迹,只有在中国共产党的领导下才能做到。可以说,如果没有中国共产党的领导,就没有莽人今天的幸福生活。

笔者在龙凤村向莽人群众宣讲"不忘初心、牢记使命"主题教育活动重要思想

---

① 2021年2月25日,由金水河镇南科村委会和乌丫坪村委会提供。

20世纪90年代末，龙凤村罗二妹家居住的茅草房

2009年，龙凤村罗二妹家居住的新房子

易地搬迁前的坪河中寨莽人村

坪河中寨莽人村易地搬迁后焕然一新的平和新村

2009年前，扶贫改造前的龙凤村旧貌

2009年，扶贫改造后的龙凤村新貌

第一章

新中国成立前的莽人社会历史

中华人民共和国成立以前，莽人居住在中越边境地区。当时的莽人对国界的概念比较淡薄，有的人甚至没有国界的概念。莽人时而在越南边境地区，时而在中国边境地区，他们的迁徙流动十分频繁。从有关史料看，20世纪20年代初到40年代末，因法国的侵略，加之猛赖、猛梭、猛蚌、猛喇①等地土司的统治和压迫，莽人不得不避难到原始森林中，野果当饭吃，树皮当衣穿，岩洞当房住，与其他邻近民族鲜有交往，在林中过着与世隔绝的艰辛生活。

第一节　渊源、称谓和语系

关于莽人迁徙历史等问题，国内外学者进行了研究。如苏联一些学者对中印半岛上的考古发掘资料进行研究后，认为"在公元前二千年代末，有大批原住在中国西南地区的孟高棉语族的部落，向南迁入中印半岛"②。尤中教授在《云南民族史》中说："春秋、战国时期分布在云南南部和西南部的孟高棉系统的部落群，是没有向中印半岛南迁而仍然留居在云南境内的部分。大部分孟高棉语族部落，已经在公元前二千年代末迁入中印半岛去了。"③

目前已有的材料只零星地记录了莽人迁徙经过的地名和历史称

---

① 猛赖、猛梭、猛蚌在今越南北部，与我国云南省金平县相连，清代隶属于临安府（今云南建水县）。猛喇即今金平县勐拉乡。

② 斯·伊·布鲁克：《印度支那半岛各国的民族成分和人口分布》，载《民族问题译丛》，1956年，第4期。

③ 尤中：《云南民族史》，云南大学出版社，1994年，第10、400页。

30余年前,笔者在南科新寨向魔公罗老大采访莽人社会历史文化

谓,通过对这些地名和称谓进行研究,可初步了解到莽人的渊源、称谓和语系等。

一、渊源

国内外相关领域的研究者对我国莽人的历史进行了研究,认为我国莽人源于古代"百濮"。

明代天启《滇志》卷三〇说:"蒲人,永昌凤溪、施甸及十五喧、三十八寨皆其种。"当时有一部分蒲人(蒲满人)从永昌、施甸一带流入镇南(今南华县)—禄丰(今禄丰县)—新兴(今玉溪)—阿迷(今开远市)—蒙自(今蒙自县)—弥勒十八寨(今弥勒虹溪)—教化三部长官司(今文山)等地。这一部分蒲满(莽)

人,到了文山马关之后,又从马关迁往河口—越南老街市的坝洒县—莱州省的封土—猛赖(今勐莱)—清河—勐德等县。而后,由于各种原因,猛赖、清河、勐德等县的一部分蒲满(莽)人仍然留居在越南境内;一部分蒲(莽)人继续迁徙到今我国金平县境内的边境地区定居下来。①

二、自称和他称

历史上,莽人有"百濮""苞满""濮曼""蒲蛮""闽濮""朴子蛮""濮人""濮满"等称谓。现代莽人自称和他称有"莽""岔满""插满""阿比""孟嘎""巴格然""崩欧然""莽地夺""么""拉莽"等。

"莽",是莽人的自称,兼有"山民""聪明"之意。

"岔满"和"插满",是当地傣族对莽人的称呼,汉意为"生活在高山上的人"。

"阿比"和"孟嘎",是当地拉祜族对莽人的称呼,"孟嘎"即"嘴边有纹"之意。

"巴格然"和"崩欧然",是当地哈尼族对莽人的称呼。

"莽地夺",是越南莽人对我国境内莽人的称呼,意为"居住在大地方的人"。

"么"和"拉莽",是当地苗族和彝族对莽人的称呼。

以上各种称谓中的"满""曼""蛮""莽",实为一个字,或者说是一个同源词。"岔满人",亦即"莽人"。2009年3月,国家才正式将莽人归属布朗族,并保留"莽人"的称谓。

---

① 尤中:《云南民族史》,云南大学出版社,1994年,第10页。

三、语系

国内外语言学家从语音、语法、词汇等分析研究，认为莽语属于南亚语系孟高棉语族莽语支。

莽语辅音有18个，复合辅音有4个，单元音有12个，复合元音有17个；莽语共有4个声调：高平调，调值55；高升调，调值35；高降调，调值51；低降调，调值31。

第二节　林中避难的历史

由于莽人没有自己的文字，想要了解新中国成立前莽人在原始森林里过着游居游耕避难生活的历史，就只能从莽人的口述材料和老一辈民族学者在莽人村寨所做的田野调查资料中寻找答案。

据雷公打牛村罗大（时年75岁）、坪河中寨龙大（时年67岁）、坪河下寨龙三（时年60岁）、南科新寨（现在的龙凤村）罗老大（时年70岁）等4位莽人老人讲述：很古以前，莽人居住在河边平坝里，祖先阿满是个聪明、能干的人，他管着千户人和1000多兵马，邻近民族头人都害怕他。有一年冬天，皇帝派官兵300多人来攻打阿满。阿满得知此事后，兵分两路，先暗藏在皇帝官兵必经之路的峡谷两边，待皇帝官兵进入峡谷中央时，阿满的兵用石头打死了皇帝派来的全部官兵。朝廷知道后，非常恼火。第二年冬去春来的时候，朝廷先派官兵几人化装成老百姓和当地头人联系，当地头人配合朝廷派来的大军，兵分两路攻打阿满，阿满抵抗了三天三夜，打死了一帮人，又进来一帮，尸体堆成山，血流成河，联兵不断地攻进来，后来阿满抵挡不住只好逃离了。联兵攻城后，莽人的房屋

莽人避难在林中的历史讲述者之一——雷公打牛村小陈大

被全部烧光,牛马被全部抢走,联兵见人就杀。尔后,莽人害怕联兵的镇压,有的逃进森林躲避,有的逃到外地,有的更名换姓逃到邻近村寨里做人家的奴隶。从此以后,莽人就在森林里过起了游耕游居的生活。

另,1989年11月,笔者采访了南科新寨陈进兴之父陈大(时年72岁)老人,他说:"我小的时候,我们一家六口人住在那折坡上。有一年,到三月底我家的玉米就吃完了。后来,父母把我们家搬到草果坪。那一年我们全家靠采野菜、野果充饥。"由于那时莽人的耕作技术还很原始,大多数人家一年当中有三四个月的时间缺粮,有的甚至长达半年没有粮食吃,只能外出采集野菜、野果充饥。

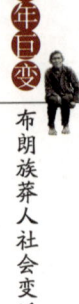

云南省民族研究所研究员宋恩常先生曾于20世纪60年代初对金平县莽人村进行田野调查，形成《金平县第三区普角乡插满人①社会经济调查》一文，惜仅内部刊印。1992年，中国社会科学院民族语言研究所的李道勇研究员在金平县的莽人村寨做调查，其调查报告记述："1950年以前，莽人受当地哈尼族头人白阿夏的统治，而白阿夏又隶属于勐拉土司之下。每年，莽人要向土司交纳藤凳、藤席、松鼠干巴和人头税，生活贫困的莽人卖儿女的事情时有发生。如莽人罗三被迫将亲生女儿卖给越南红头瑶，得半开（云南地方银币，两个半开相当于一块银圆）30元，部分自用，部分上税于土司。后来罗三之女被转卖，从此音信中断。"②

笔者以为，莽人长者口述的内容是口述者父母亲身经历过的事实，但在口述内容中有一定夸张的成分。学者在调查材料中所记述的莽人受到土司的统治和压迫的情况，与上述莽人长者讲述内容较为符合。因此，笔者认为莽人是在颠沛流离的民族大迁徙过程中遭受压迫，而不得不避难在茫茫林海中，以采集、狩猎和刀耕火种为生，但他们避难到林中始于何年的准确时间现难以断定，待后考证。

---

① 插满人：其他邻近民族对莽人的称呼。
② 李道勇：《莽村考察》，载《中央民族学院学报》，1993年第1期，第62页。

笔者于雷公打牛村脚中越54号界碑处留影

雷公打牛村脚中法立的界碑
（距2001年中越54号界碑几米）

第二章

新中国成立后的莽人社会经济变迁

本章主要简述新中国成立初莽人大致的分布情况和居住环境；新中国成立后，党和政府对莽人落实党的民族政策，动员他们出林定居定耕，帮助他们建盖房屋，并教他们开田种地，还发放给他们耕牛和其他生产生活用品和工具等。从此，莽人彻底结束了原始落后的悲惨生活，从原始社会直接跨入社会主义社会，开始迈进社会主义社会的新生活。

30余年前，笔者第一次到金水河镇追寻过去莽人游居游耕过的踪迹

第一节 新中国成立初莽人分布和居住环境

一、莽人人口分布

莽人，于2009年3月才正式归属布朗族，今主要分布在云南省金平县金水河镇南科村委会的龙凤村、平和村以及乌丫坪村委会的牛场坪村。在宋恩常、李老腰撰写的《云南省红河哈尼族彝族自治州金平县苦聪人社会经济调查》报告中提到：1959年，莽人出林定居定耕前共有14个散居点，1960年初，原来的14个散居点合并为4个自然村，并村时共有64户312人。到2020年末，莽人共有3个自然村，163户771人。①他们与拉祜族、哈尼族、苗族、瑶族等民族共居一隅，如今的龙凤村布朗族（莽人）与苗族、彝族共居一村。他们和睦相处，互相帮助，共同谋求社会经济文化的繁荣发展。

二、居住环境

我国莽人聚居区位于东经102°57'—103°01'、北纬22°26'—22°45'，西南面与越南莱州省清河县接壤，东北面与金水河镇乌丫坪村委会的上田房、下田房村民小组和南科村委员会的南行五队、联防、姆基冲等村民小组相连。距省会城市昆明568公里，距州政府驻地蒙自247公里，距县政府驻地金河镇88公里，距镇政府驻地

---

① 2021年2月25日，由金水河镇南科村委会和乌丫坪村委会提供。

那发58公里。总面积为80余平方公里，境内最高海拔2290米（刀寨山），最低海拔850米（坪河下寨和下田房村交界处）。海拔850—1900米地区，气候温和，年平均气温18—20℃，年降雨量2000—2900毫米，是耕作区和林区；海拔1900米以上的地区为寒冷地带，年平均气温在15℃以下，日照少，多雾罩，冬季有冰凌出现，但不受寒潮的影响和台风的袭击。因此，特定的地理环境，形成了独特的气候特点。①

莽人分布的区域不仅自然环境优美，而且物产资源也十分丰富。在原始森林里，生长着野八角树、野茶树、麻栎树、西南桦、松树、水冬瓜树等树木。除此之外，林里还生长着三七、花叶重楼、十大功劳、棕叶芦、益母草、血满草、大仙茅、天门冬、酢浆草、芦花、羽萼、水蓼、薄荷、牛嗓管树、五味子、多依、山菠萝、橄榄、老虎须、野姜、野牡丹、刺针草、清明菜、大将军、川木通、车前草、虎杖、菝葜、玉竹、刺五加、钻地风、山乌龟、小狗响铃、番石榴、当归、黄草、金钱草等药材。在林中栖息的兽类有虎、野牛、豹、熊、马鹿、麂子、岩羊、野猪、野猫、果子狸、刺猬、穿山甲、猴子等，这些动物都在中越边境地区游居；爬行类有蟒蛇、眼镜蛇、竹叶青蛇、灰紫锦蛇等；禽类有棕胸竹鸡、红喉鹀、原鸡、白鹇、白腹锦鸡、雉鸡、斑鸠、猫头鹰、红胁蓝尾鸲、画眉等；蛙类和鱼类有无指盘臭蛙、大头蛙、滇蛙、瓣结鱼、暗色唇鱼、横纹条鳅等。地下蕴藏着丰富的铁、铜、锡、金等矿产。这些自然资源为莽人在深山老林中生活提供了丰富的物质条件。

---

① 金平苗族瑶族傣族政治县人民政府编：《云南省金平苗族瑶族傣族政治县地名志》，内部铅印，1991年，第45页。

20世纪50年代中期,平河中寨和平河下寨后山莽人游居游耕的生活区域

布朗族莽人社会变迁

坪河中寨后山原始森林中自然生长的野生芭蕉

坪河下寨村边原始森林中的野生荔枝

南科新寨后山原始森林中,孩童们在采摘野生无花果

坪河下寨和雷公打牛村村边原始森林中的野生竹

第二节　党和政府动员莽人出林定居定耕

1949年10月1日,中华人民共和国成立。1950年,金平县获得解放。1951年中国人民解放军正式挺进到国境沿边地区。1956年初,驻金边防部队为帮助金平县委、县政府开展边疆地区民族工作,专门建立了工作组,配合地方工作队,进入中越边境地区原始森林里,向莽人同胞宣传党的民族平等政策。1957年,金平县委组织了苦聪人访问团,到莽人聚居区访贫问苦,进行物资救济,发放农具、粮食、食盐和衣服等,并且为莽人聚居区制定了由原始社会直接向社会主义社会过渡的政策,之后为此专门成立了工作组,直接领导开展苦聪人和莽人的相关工作。1958年,金平县第三区委根据金平县委的指示,领导莽人并村定居。工作组多次动员他们出林定居定耕,并以贫苦落后的苦聪人为实例,让莽人亲眼看到了定居定耕后的苦聪人生产、生活发展情况。经过一年多时间的艰苦工作,莽人定居定耕工作取得实效。在1960年宋恩常的《云南省红河哈尼族彝族自治州金平县苦聪人社会经济调查》报告中写道:"……芒人[①]竟散居在八处,如梅阿得汉得雷(雷公打牛)、宾河(平河)、南木课(南科)、温布旺(龙树河)、米麻夏黑(管木寨)、屋梅西(南西)、典得(边界寨)、民那木(薄乌寨),在这些近似居留地的村落,少的一处仅住四五户,多的也不超过15户。……到1959年止,已由12个居留地并成4处。薄乌寨与平河下寨合并,河头寨、

---

① 芒人:莽人。

平河上寨与平河中寨合并,管木寨、那折上寨、边界寨等并到南科村,龙树河村并到草果坪村。在这次并居中不仅改变了过去居住的分散状态,如在南科村和草果坪村组成了各族人民的联合村落,更是改变了解放前各族各住一处的状态。"宋恩常先生的调查材料中有三个地方存在遗漏之处,为了方便读者了解,笔者在此进一步补充说明当时莽人散居点和并村情况。一是当时莽人散居点不止12个点,而是14个点,文中缺漏了刀家寨和布窝寨;二是文中说的12个居地并成4处,分别是指坪河中寨、坪河下寨、南科村、草果坪村,这里缺漏了雷公打牛村。这里说明一下,后来草果坪村与南科村合并成南科新寨。笔者为补齐文中缺漏的资料,于1992年10月,专门到4个莽人村寨采访了雷公打牛村78岁的罗大、62岁的小陈大、68岁的陈四新、70岁的罗亚明、74岁的龙大,坪河中寨72岁的陈小大、70岁的龙大、67岁的罗云,坪河下寨68岁的小罗三、66岁的陈四明,南科新寨73岁的陈大、65岁的罗老大、70岁的盘大等。在采访中他们提供了当时莽人的散居点,笔者经过20天的梳理和分析研究,最终厘清了当时莽人散居点和并村情况。①原莽人散居点雷公打牛旧寨、刀家寨、布窝寨、河头寨、平河上寨、平河中寨、平河下寨、薄乌村、管木村、那折村、边界村、草果坪村、龙树河村、南科村,共14个散居点,64户312人,其中男150人,女162人(1960年初人口数)。现将当时并村情况如实记录如下:

  一是雷公打牛旧寨5户24人、刀家寨3户16人、布窝寨4户19人,3个散居点合并为雷公打牛村,共12户59人。

  二是河头寨2户11人、平河上寨4户18人、平河中寨9户43人,3个散居点合并为坪河中寨,共15户72人。

---

① 本文记录于1989年9月,在雷公打牛村、坪河中寨、坪河下寨、南科新寨。

20世纪50年代初，中国人民解放军和地方民族工作队在苦聪人和莽人聚居区宣传党的民族政策，动员他们出林定居定耕，同时发放救济物品（杨毓骧 供稿）

20世纪50年代，云南省民族研究所民族学者杨毓骧先生（右一）亲赴原始森林，调查拍摄苦聪人和莽人生产生活情况（杨毓骧 供稿）

三是平河下寨10户52人、薄乌寨2户9人，2个散居点合并为坪河下寨，共12户61人。

四是管木村3户16人、那折村2户10人、边界村4户19人、草果坪村2户9人、龙树河村3户14人、南科村11户52人，6个散居点合并为南科新寨，共25户120人。

并村建寨之时，政府帮助莽人建盖房屋64幢，帮助挖水田100多亩，还发给他们耕牛和生产生活用具等。从此，莽人结束了岩洞当房住、树皮当衣穿、野果当饭吃的历史，开启了生活的新篇章。当地政府特别重视在莽人积极分子中培养干部，派他们去外地参观学习，并在各级政府中任职，担任莽人群众的代表。1957年，红河哈尼族彝族自治州建立时，莽人代表被选为州委委员。此后，莽人与全国各民族一样，真正享受到了党和政府的民族平等政策。

第三节　迈进社会主义社会的莽人新生活

莽人是由原始社会末期一步跨入社会主义社会的一个小族群，他们接轨社会主义社会比邻近民族晚。1960年，莽人未并村前，有与苦聪人和瑶族为邻居的龙树河、草果坪、南科3个莽人居住点，在县委工作组的领导帮助下试办了互助组。据《金平县第三区普角乡插满人社会经济调查》载："……1958年组织互助组，1959年成立各族联合社。……1959年芒人并居前，走上集体化的道路遇到相当多的困难，首先是在血缘家庭和个体经济条件下所形成的习惯势力和落后习俗，如不同氏族生产的糯谷不能用作祭祀祖先。在分配方面也有很多问题，怕自己分的少，劳动力少的人家分到的产品少则说自己吃了亏。在生产技术方面不仅不会犁田、耙田和栽秧，而且

雷公打牛村后山

20世纪60年初，雷公打牛旧寨、刀家寨、布窝寨合并为雷公打牛村。图为合并后的雷公打牛村

坪河中寨后山

20世纪60年初,河头寨、平河上寨、平河中寨合并为坪河中寨。图为合并后的坪河中寨

坪河下寨后山

20世纪60年代初,平河下寨和薄乌寨合并为坪河下寨。图为合并后的坪河下寨

南科新寨后山

20世纪60年代初期，管木村、那折村、边界村、草果坪村、龙树河村、南科村合并为南科新寨。图为合并后的南科新寨

害怕到河边会得病。工作队员针对芒人思想上、技术上的困难和顾虑，加强了领导，耐心地教育，从各方面给予照顾，允许他们种植一小块旱稻，供祭祀之用。在编生产队时考虑到民族特点，南科合作社则按民族编生产队，芒人自己编为一个生产队，选出自己的生产队长负责领导，为了体现芒人在生产中的平等地位，为培养与锻炼干部，尽管芒人较为落后，也同样选了芒人担任合作社副主任的职务。"我们从20世纪60年代初宋恩常先生在金平莽人村寨田野调查中记述的资料来看，政府动员莽人出林并居时，邻居的苗族、瑶族、拉祜族都组织了互助组。政府派去的工作队员考虑，为使莽人尽快融入并学会各种生产生活技能，将刚出林定居不久的南科莽人编到附近的南科瑶族村合作社，将龙树河的莽人编到草果坪拉祜西村合作社。那一年草果坪村莽人在合作社里人均分得240公斤稻谷，南科村莽人也在合作社里人均分得245公斤稻谷（不包括其他粮食作物）。

1960年初，南科村莽人和草果坪村莽人以及管木村、那折村、边界村、龙树河村的莽人合并为一个村——南科新寨，并在合并之后就办了莽人历史上的第一个农业合作社。随后，坪河中寨、坪河下寨、雷公打牛村也分别办了农业合作社，这样莽人的4个村寨都办了农业合作社。从此，莽人不仅在衣食住行和精神面貌方面发生了巨大的变化，而且他们更加信任党和政府的领导，积极拥护党的路线方针政策，走社会主义道路的决心更加坚定了。可以说，20世纪50年代末开始，莽人就接轨了社会主义社会的新生活。

20世纪60年代到70年代末，是莽人出林定居定耕后经济社会发展比较缓慢的十余年。笔者认为，这十余年发展缓慢的主要原因有两个方面：一是由于各种政治因素，阻碍了莽人经济社会的发展；二是从原始社会末期一步跨入社会主义社会的莽人，因社会发育程度较低，再加上这十余年没有人直接指导他们的生产生活，因此，他们的生产生活仍然远远落后于邻近民族，但他们在经济、文化、思想意识等方面都比原来进步了很多，特别是他们的国家认同感和民族认同感都有了明显的增强。

1978年党的十一届三中全会后，全党的工作重点转移到社会主义现代化建设上来，开启了改革开放的伟大进程。在各级党委、政府的正确领导和帮助下，边疆莽人聚居区也因地制宜地发展经济文化。20世纪90年中期后，莽人开始在田地里使用化肥、农药、除草剂等，在低海拔地区水田里试种杂交水稻，在台地里试种杂交玉米。自从莽人种植杂交水稻和杂交玉米后，大多数农户都能自给自足。到20世纪90年代末，有少数农户购买了碾米机。

进入21世纪，党中央高度重视莽人的发展问题。2008年，中共中央总书记胡锦涛和国务院总理温家宝对莽人生存发展问题分别作出重要批示，云南省委、省政府严格落实批示精神，红河州委、州政府及金平县委、县政府组织实施莽人综合扶贫项目。在三年的莽人综合扶贫项目实施后，莽人聚居区的基础设施建设得到了跨越式发展，生产生活条件得到极大改善。特别是在党的十八大、十九大后，在各级党委、政府的帮助和支持下，当地党委、政府加强对莽人精准扶贫的领导，因地制宜调整产业结构，莽人村寨的社会经济文化快速发展。现在莽人村容村貌有了变化，人的综合素质也明显提高，精神面貌焕然一新，到处呈现出一片欣欣向荣的社会主义新农村景象。①

---

① 中共金平苗族瑶族傣族自治县委员会、金平苗族瑶族傣族自治县人民政府编：《太阳下的村庄：金平县莽人综合扶贫工作纪实》，2013年3月（内部印刷），第12—13页。

20世纪90年代，坪河下寨陈小三家在刀耕火种地里种的旱谷

20世纪90年代末，坪河下寨龙大家耕种的杂交水稻

百年巨变 布朗族莽人社会变迁

20世纪90年代前，莽人村寨没有碾米机，谷子用木臼手舂。图为雷公打牛村的龙大妹在用木臼舂米

20世纪90年代中期，坪河中寨陈世宏家买的第一台碾米机

1999年的龙凤村

2009年后的龙凤新村一角

30年前，雷公打牛村的龙玉忠

30年后，牛场坪村的龙玉忠

第三章

现代文明对莽人的呼唤

在现代文明的曙光照入莽人的部落之前，莽人过着几乎与世隔绝的游耕生活。他们虽然在长期的丛林生活中逐渐摸索习得了一些生存技巧，并能够熟练地将各种自然资源为己所用，但仅有的生存技能和工具较为简单，这在一定程度上限制了莽人社会的发展。本章前半部分简述了莽人先民对原始文明的认知。如通过原始动植物的状态判断气象；通过太阳、蜜蜂、植物开花、落叶和鸟鸣声的活动变化判断时辰；用刻木记录账目和借债凭据；使用竹片、石块等工具钻木取火，以及对其他一些原始生产生活器具的使用。后半部分记述了火柴、日历、钟表等现代事物传入莽人社会的历程，以及给莽人社会生活带来的巨大影响。

第一节　现代历法替代原始物态历法

一、现代气象和历法替代原始自然物判定法

通过观察动植物来判断气象。20世纪60年代以前，莽人村寨尚未传入现代日历和钟表，然而，莽人先民为了更好地进行农业生产活动，在漫长的历史发展过程中创造出了属于自己的独特物态历法，并且积累了丰富的原始气象知识。

过去莽人不知天干、地支、二十四节气等方面的知识，而是以植物发芽、落叶和动物鸣叫声来判断月份、季节。例如：一月（只有25天）叫"密哈"，是种早玉米的时节；二月叫"密哈木"，是

种晚玉米的时节；三月叫"密百"，是种旱稻的时节；四月叫"密波木"，是早玉米地除草的时节；五月叫"密哈乌"，是晚玉米地除草的时节；六月叫"密窝木"，是早玉米成熟的时节；七月叫"密比乌"，是旱稻地除草的时节；八月叫"密哈恶"，是旱稻抽穗的时节；九月叫"密克乌"，是晚玉米和旱稻成熟的时节；十月叫"密矣木"，是收割玉米和旱稻的时节；十一月叫"密奥木"，十二月（只有25天）叫"密哈衣"，是收获薯类作物的时节；十三月（只有15天）叫"密安奥"，是过年和砍林地的时节。

莽人将一年分为四个季度。如得威鸟鸣叫时为第一季度，包括一至三月以及十三月的最后7天；扎瓷鸟鸣叫时为第二季度，包括四至六月；梅旺虫鸟鸣叫时为第三季度，包括七月至八月；蛇、熊冬眠时为第四季度，包括十月至十二月以及十三月的前8天。①

莽人先民观察气象的方法较多，而且观察气象的经验也十分丰富。他们善于观察各种自然物，善于按照自然物和其他的物体变化来预测气象。如他们预测天气阴晴，推测出当年雨水来早、来迟或雨水多、雨水少后，便按自己的预测适当地安排各种农事活动。莽人的气象预测主要有以下几种：

若当日天气晴朗，到了夜间麂子和野猫乱叫，翌日天气就会变阴；若白天阴雨，到了夜间麂子和野猫乱叫，则翌日天气会变暖。

晴天村里烧火，火烟往村头方向飘走，翌日天气就会变阴；若阴天村里烧火，火烟往村脚方向飘走，则翌日天气会变晴。

阴天喜鹊鸣，翌日天会变晴。

晴天山脚的雾往山顶方向飘动，翌日天气会变阴。

农历一月的第一轮属鼠日雷鸣，此年天干旱，庄稼会受灾。

---

① 1990年11月，雷公打牛村的龙大、陈大等人讲述。十三个月共有15天，后7天归入第一季度，前8天归入第四季度。

农历一月的第一轮属牛日雷鸣，此年雨水好，粮食会丰收。

农历一月的第一轮属兔日雷鸣，此年雨水多，洪水会泛滥。

农历一月的第一轮属羊日雷鸣，此年雨水来的较迟，播种时间也比往年要晚一点。①

传统上，莽人通过观察动植物来判定时间和判断气象，这需要积累丰富的地方性知识和生活经验，也需要通过世代的口传身授。不可否认，传统的自然认知方式在莽人千百年来的生产生活历程中起到了重要的指导作用，也是他们生活智慧的结晶。但是，较为粗犷的自然认知方式自身并不十分严密，难免会出现一些失真和误差。同时，人们为习得这种复杂的知识体系需要耗费大量精力。新中国成立后，莽人周边的自然环境发生了一定改变，他们也开始逐渐向全球化的现代世界体系靠拢，这便要求他们需要引进学习一些

20世纪70年代以前，莽人以蛇冬眠来判定季节

---

① 1993年4月，雷公打牛村的陈大讲述。

新的生存技能和认知方式。

二、现代钟表替代原始动植物来判断时辰

（一）现代计时工具替代原始的自然计时法

1960年以前，现代钟表、收音机、电视机尚未进入莽人村寨。彼时，莽人通过一种独特的自然计时法来区分一天中白天和黑夜的各个时段。例如：猫头鹰第一次鸣叫开始为上午（6—11时）；公鸡连续鸣啼三声时为中午（12—15时）；公鸡第二次连续鸣啼三声时为下午（16—18时）。在黑夜，公鸡第一次连续鸣啼三声时为深夜（1—3时）；公鸡第二次连续鸣啼三声时为凌晨（4—5时），这时妇女们便要起床点燃火把去舂米和做早饭了。除了用公鸡的鸣啼声判断时段外，莽人还用蜜蜂的飞动来判断白天的各个时段。如白天有数十只蜜蜂一起在窝边第一次飞动时为中午（12—15时），这时是吃午饭时间；蜜蜂第二次飞动时为下午（16—18时），这时在家的人开始做晚饭了。此外，莽人还通过日出和日落来判断白天的各个时段，如日出为早上（7—9时），是吃早饭的时间；日光照到头顶为中午（12—15时），是吃午饭的时间；日落到西山为下午（16—18时），是收工的时间，也是吃晚饭的时间。有时，因天阴看不到阳光，收工就没法准时，只能通过天黑的程度来判断。①

钟表最早进入莽人村寨的时间是1972年2月。当时，南科新寨的莽人陈进兴卖了一头水牛，用卖牛所得的钱，在金平县勐拉镇的一家商店里买了一块上海牌手表。陈进兴说："刚买的时候，我不会看表，只是戴在手上摆样子玩。后来，别人教我手表的用途和使用

---

① 1993年4月，坪河中寨的龙大讲述。

方法后，我才知道戴表不仅可摆样子，而且可知晓时间。此后，我去森林里打猎和外出劳动都按时出工，按时收工。"自陈进兴始，莽人就有了准确的时间概念，他们对时间的记录和判定，也逐渐由对自然事物的观察转变为借用现代的计时工具，而在时间认定上与外界达成一致，是莽人融入现代社会的必要准备。据1995年3月的不完全统计，当时4个莽人村寨的手表数量已达240只（机械表52只、电子表188只），戴表的成年莽人（除了老年人外）已占莽人总人口的82%。由此可见，早在20世纪90年代中期，莽人村寨便已普遍采用现代计时工具（钟表）来计时了。

（二）收音机和电视机替代公鸡啼鸣判断时辰

据笔者在莽人村寨进行的调查了解，收音机最早进入莽人村寨的时间是1980年（第一位购买者是坪河中寨的陈世宏）。那个年代，即便是在云南较为开放的山区，收音机也算是时髦玩意儿。到2003年，随着经济条件的改善，87.8%的莽人家庭都有了收音机或收录机，当时收音机已经在莽人村寨较为普及了。

电视机进入莽人村寨的时间要稍晚一些，时间是1993年初。当时，坪河中寨的龙三在金平县城的百货公司买了一台袖珍黑白电视机，随后陈世宏、陈小大、刀志忠等20多户人家也陆续购买了黑白电视机或彩色电视机。到2003年时，据笔者统计，已有42.1%的莽人家庭有了电视机，方便简单的卫星信号接收器给他们带来了电视信号。从此，观看电视节目成为莽人调整和安排生活节奏的主要方式，也是他们主要的娱乐活动之一。

随着钟表、收音机、电视机等现代电子产品进入莽人生活，莽人大大地减少了对传统自然计时法的依赖，其计时的准确度和效率大为提升。除计时以外，莽人还通过一些电子产品与外界产生了更多的联系和交流。特别是电视机进入莽人村寨后，通过收看电视

20世纪70年代以前，莽人以公鸡鸣啼来判定时段

20世纪70年代后，莽人用手表替代了以公鸡鸣啼来判定时段

20世纪70年代以前，莽人以蜜蜂出槽来判定时段

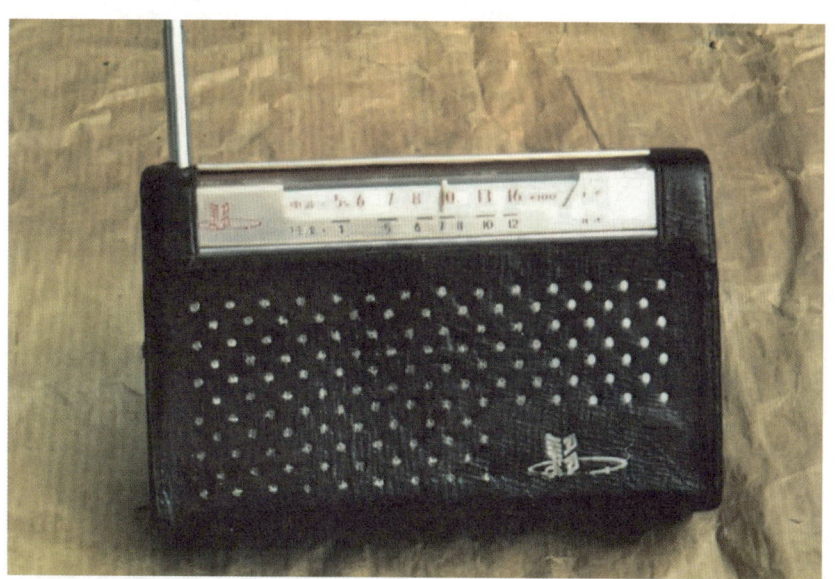

20世纪70年代后，莽人用收音机播报时间替代了用蜜蜂出槽判定时段

节目，莽人不仅了解到了丰富多彩的山外世界，也从中学到了一些实用的生产生活知识，了解到党和国家对边疆人民的优惠政策。由此，现代电子产品所带来的已不仅限于计时一种用途，而是加速了莽人社会的快速发展，丰富了莽人村民的日常生活。

第二节 现代文字替代原始刻木记事

20世纪70年代以前，在莽人中还没有人能识读汉字。他们记录数字、事件、传递信息等需要依靠刻木或结绳等较为原始的记事手段完成。在中国古代的文献记载中，刻木被称为"券契"。《列子·说符》载："宋人有游于道，得人遗契者，归而藏之，密数其齿。"这里所说的"齿"，就是指刻木记事。在莽人的生产生活中刻木记事的传统一直持续到20世纪70年代初期。

一、现代文字替代刻木记账

（一）现代文字记账替代原始刻木记工分凭据

20世纪60年代后，4个莽人村寨陆续建立了农业生产合作社，但因当时莽人中没有识文断字的人，他们只能延续传统，用刻木或刻竹片的办法来记工分和分配物资。如坪河下寨的会计陈士明，不识汉字，但他却担任了30多年的合作社会计（1960年至1990年），他记账的方法就是刻木记账。陈士明说："我们记工分是刻木或刻竹片。首先是合作社干部给每家准备四块竹片，两块竹片从侧面刻十个缺口，另两块竹片的侧面刻五个缺口，分别代表十分工分和五分工分。农户在自己的四块竹片上打记号，自家保管两块（大小各一块），合作社会计保管两块。社员出工一天，会计就在双方持有的竹片正面加刻上一个缺口（青壮年社员出工一天，十个缺口的竹片正面上加刻一个缺口；老人和小孩出工一天，五个缺口的竹片正面上加刻一个缺口），以表示工分已记。到年终算总账时，家户则拿自家保管的竹刻到会计处数数就知道今年全家有多少个工日和工分。"

莽人在刻木记账时，将木头的一端剖开一道裂缝，夹入一根稻草，表示本次木刻为稻谷账。有的莽人村寨在木头的一端画一个谷穗，以示稻谷账。若记玉米账则夹入玉米皮；若记猪肉账则夹入猪毛。

在农业生产合作社时期，莽人无论是记工分，还是分配粮食，都用刻木记账。当时莽人分粮食，只知一家人一年分得多少"箩"谷子和多少"箩"玉米。如分一"箩"谷子，会计就在双方保管的木片上加刻一个缺口，每一个缺口表示一"箩"谷子。到年终结算时，需收回农户保管的木刻记账，并与会计保管的木刻记账进行核对，算出每一农户的木刻缺口，就知今年全村有多少"箩"谷子，哪一家分得多少"箩"谷子，人均有多少"箩"谷子，分配玉米也是如此。[①]

（二）现代文字计数替代原始刻木计数

莽人数字中，最大的数字是万，最小的数字是一。例如，一个、十个、一百个、一千个、一万个，一万个以上用"很多"来表示。

莽语中，"两手"表示"十"；"两手一足"表示"十五"；"两手两足"表示"二十"。他们计数时，总是离不开被计算的具体实物，或者用手清点实物，或者用手指、小石子、小木棍、刻木等来计数。

---

① 1995年6月，坪河下寨的陈士明讲述。

1995年5月，坪河下寨会计陈士明用刻木记事的方式给村民记工分

20世纪70年代中期后，除了坪河下寨仍用刻木记事外，其余3个莽人村都使用汉字替代了刻木记事

20世纪50年代前,莽人计算粮食是以一"把"或一"箩"为单位来计算

20世纪60年代开始,莽人买卖粮食和粮食借债等改用秤来计量

莽人没有计量标准，耕地面积以下种子数量或地块数来计算，他们不知多少亩地，只知种了多少种子或几块地。玉米产量以"箩"数来计算，一小"箩"玉米约15千克，两小"箩"玉米为一大"箩"。旱稻产量以"把"数来计算，一"把"旱稻约2千克。其他农作物以"箩"数来计算。莽人聚居区办了农业生产合作社后，虽然地方政府曾经将计量秤带入莽人村寨，但在很长一段时间内，莽人的谷子计量还是以"箩"数计算。①

二、现代文字凭证替代原始刻木借债和离婚凭据

（一）现代文字借据替代刻木借据

1949年以前，由于生产力低下，粮食消费难免有青黄不接的年景，莽人社会生活中便出现了借贷粮食和借贷仔猪等应对困难的传统习俗。但因莽人不识汉字，只好用刻木的方式来记录借贷关系。

莽人借粮和借猪是没有利息的。因计重计算并不普及，借粮借一箩还一箩；借猪则在猪背上用手拃量，还猪时也用手拃量是否归还大小相同的猪。借贷方法是：债主和借债者双方协商意见统一后，证明人砍一柱形木，在其上刻缺口，借一"箩"粮，刻一个缺口，借两"箩"粮，刻两个缺口，以此类推；若借猪时，猪背长三拃半的，除在柱形木上刻三个大缺口，还要加刻一个小缺口。表示借贷关系的柱形木刻制好后，债主与借债者当面将柱形木一分为二，双方各持一半作为凭证。当借债者将债务还清后，双方便拿出木刻当面销毁；如借债人一时无力偿还，需继续借用，双方便取出木刻，将其合拢，刻上新的缺口，然后再分开保存。如发生债务纠

---

① 1995年6月，坪河中寨的陈云讲述。

20世纪90年代以前,坪河下寨会计陈士明描绘的结绳借贷凭据

20世纪90年代以前,坪河下寨会计陈士明描绘的刻木记账凭据

纷，当事人就拿着各自的半块木刻找村寨头人裁决，看木刻上的刻口是否吻合，辨别真伪，判断是非。①

（二）现代离婚证替代刻木离婚凭据

20世纪80年代前，莽人离婚证据也是使用刻木凭据。离婚时，若男方主动提出离婚，只需约集村里头人和村里德高望重的几位长老，在拇指般粗细、筷子般长短的一根圆木上刻上缺口，把刻好缺口的圆木剖成两半，夫妻各持一块即算办理了离婚手续。如需再

21世纪后，在莽人聚居区现代手机改变了过去需要步行几个小时才能与远方亲戚取得联系的沟通方式。图为龙凤村的罗云祥妻子打电话给娘家

---

① 1995年6月，坪河中寨的陈光明讲述。

婚，则男方执此刻木凭据重娶她人，女方也执此刻木凭据另嫁他人。木片上刻有大小不同的缺口亦代表不同的意义：若只有一个缺口，表示原夫仍保留要求赔偿结婚时聘金的权利，离异之妻若再嫁，新夫必须负责偿还前夫的聘金；若有五个缺口，则表示离婚后双方断绝一切关系，原妻不论嫁人与否，不用偿还聘金。莽人聚居区这种木刻离婚凭据一直延续使用到20世纪80年代。①

到20世纪90年代，莽人的4个村寨中，除坪河下寨在生产生活中还保留着刻木记工分、刻木传递信息、刻木作借贷凭据、刻木作离婚凭据等外，其余3个莽人村寨自20世纪70年代开始，在他们的生产生活中无论是记工分、传递信息，还是借贷等凭据都逐渐使用汉字替代了较为原始的刻木记事方式。特别是随着义务教育在莽人村寨的普及，多数年轻一代的莽人都会识文断字，他们用文字来记录日常生活，甚至书写日记和信件，记事的准确度和复杂度已非先辈使用的刻木记事方式所能相比。步入21世纪，莽人社会发展的步伐几乎已和山外其他的乡村同步，他们能直接快速地获取先进的通信工具。随着手机传入莽人村寨，过去刻木传递信息的传统已完全由手机替代，刻木记事在莽人村寨中已难觅踪影。

第三节　现代火柴、打火机替代原始钻木取火

现代打火机和火柴替代原始石块和钻木取火。对火的使用和控制是人类进入文明阶段的重要标志之一，在人类历史上的很长一段时间，生火、保存火种都不是一件容易的事。20世纪60年代以前，

---

① 1993年3月，雷公打牛村村长老罗大、小陈大两人讲述。

火柴尚未传入莽人村寨，他们便延续古法，使用打击石块、转动树枝、摩擦竹片等方式来取火。

（一）石块取火法

在较硬的一块白石块和一片金属的中间放一团火草，然后用金属片猛烈地摩擦白石块，这样摩擦出来的火星就会钻到火草中，慢慢地点燃火草燃烧起来。这种类似于火镰取火的方法也曾在世界其他地区广泛流行。

（二）钻木取火法

找一棵枝多的树干（直径10厘米以上）或一个树桩，用铁刀在树干或树桩上凿一个小洞；另砍一棵直径2—3厘米、长约30厘米的较硬的湿木，一端削尖；再在树干或树桩里放入火草，然后将湿木的尖端插入洞中，双手快速旋转湿木，转旋到30—40分钟，就会出现火烟。这时边吹边转旋湿木，约5分钟后，就可取到火。1990年4月10日，笔者和坪河中寨的陈老二去原始森林看他家的草果地。那天出发时我们带了一个打火机，可在要做中午饭时发现包里的打火机在森林里丢失了。后来，陈老二用钻木取火的方式取火做饭，那是笔者第一次亲眼看到钻木取火。据陈老二讲述，他们在小时候都学习过钻木取火的方法，这种取火方式对取火人的耐心和体力都是不小的考验。

（三）竹片取火法

用一块金属片在一块较硬的平竹竹片上摩擦，直到烫得不敢用手摸的时候，将火草放入竹片和金属片的中间，然后继续猛烈摩擦。这样火草上会慢慢冒出烟来，这时不停地边吹边摩擦，约10分钟左右就可取到火了。

同诸多山地民族一样，得益于得天独厚的森林资源，木材成为莽人最重要的日常能源。20世纪90年代以前，莽人生火、照明、取暖都要依靠家里囤积的干木材，砍树囤柴也成为他们日常劳作的一部分。除柴火外，唯一可以使用的较为洁净的燃料便是蜂蜡，但由于蜂蜡不易大量获得，因此也不常被使用。至20世纪90年代，有莽人从县城购入微型水力发电机，使用中空竹竿引水，借流水高低落差产生的势能和机械能的转换，来带动发电机发电，这是莽人村寨最早的电力。但这种微型发电机功效极小，所发出的电力仅能点亮低瓦数的灯泡。到21世纪初，国家开始不计成本地将高压电线接入偏远的莽人村寨。自此，充足高效的电能不仅可以带动更为先进的粮食加工设备，也将莽人一下子拉入到了电气化的新时代，居民家中的各种电器开始逐步增加，照明无需再使用火把，电器的使用也减少了莽人对木材的依赖。

1996年11月，雷公打牛村的小陈大在地棚里用铁石块取火

↓

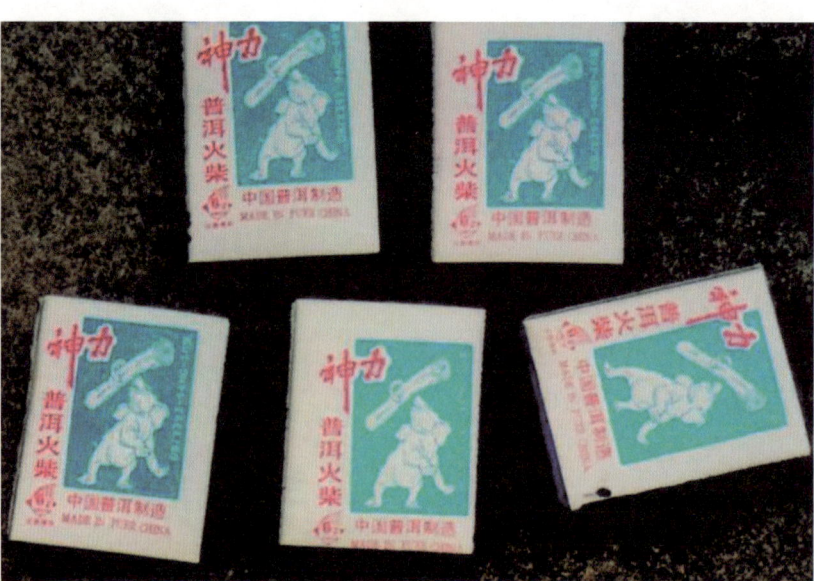

20世纪60年代后，火柴完全替代了铁石块撞击取火

20世纪50年代前，大多数莽人家庭都用钻木取火。图为坪河中寨的陈光明在示范钻木取火

20世纪80年代后，打火机替代了钻木取火和火柴

20世纪80年代前，莽人都用松明作照明

20世纪80年代前，莽人用蜂蜡做成的蜡烛

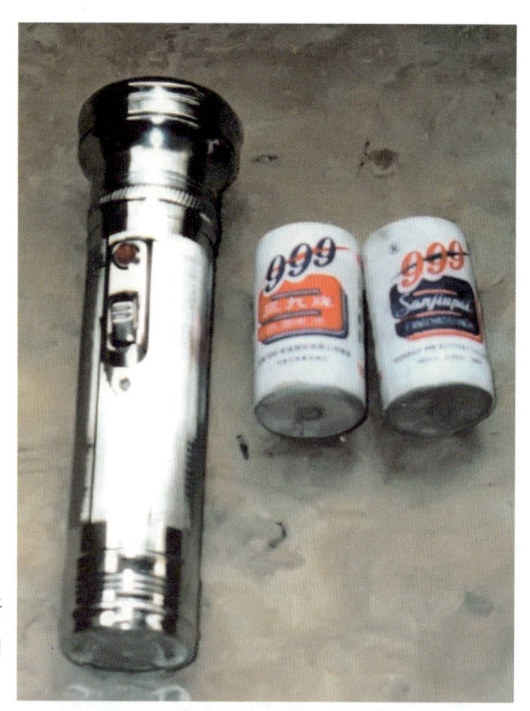

20世纪70年代，南科新寨陈进兴是莽人中第一个使用手电筒的人

21世纪初，莽人村寨全部通了高压电。图为平和村高压电线杆

第四章
现代器具对原始器具的改变

据调查，莽人现在使用的生产生活器具中，除少量的传统竹木制品还被部分家庭沿用外，大多数人家已使用铁制、铝制、不锈钢制或塑料材质的生产生活器具。在各类生产生活器具中，砍伐工具作为必不可少的日常器具，居于突出地位。砍伐工具材质的变迁也直接反映出莽人村寨社会生活的鲜明转变。

20世纪90年代，雷公打牛村的罗开文家使用的各种狩猎器具和生产生活工具

20世纪80年代,坪河中寨的龙云用石板捕鸟

20世纪90年代,铁夹替代了石板、绳扣等捕捉动物。图为坪河中寨的陈世宏购买的铁夹

第一节　现代狩猎器具替代原始狩猎工具

20世纪60年代以前，铁制的现代猎枪和铁夹极少进入莽人村寨，莽人使用的传统狩猎工具有弓、弩、箭、压木、扣子、竹排、竹签等，这些工具都直接取材于大自然。弩身用一条65—70厘米长、2—3厘米厚、5—6厘米宽的硬木做成；弓和弩器一般是用约90厘米长、2—3厘米厚、3—4厘米宽的一块湿竹片或湿木块加热后使之弯曲而成；箭杆是用手拇指般粗的约40厘米长的竹子削成；压木是用直径20多厘米、长2米左右的一根圆形硬栗木制成。扣子是用棕丝、马尾毛、树皮纤维等做成；竹排是用手拇指般粗的约60厘米长的竹子削成一头尖、另一头粗的硬竹或硬木做成。

新中国成立前夕，莽人村寨很少有猎枪和铁夹，他们狩猎器具多为木棒、石头、藤扣、竹箩等。到20世纪60年代后，现代狩猎工具陆陆续续进入莽人村寨。此后，莽人狩猎主要以火药枪和铁夹为主，木棒和藤扣等原始狩猎工具为辅。铁制的狩猎工具虽然提高了莽人的猎捕效率，但是由于莽人人口较少，且随着粮食及经济作物的广泛种植，野生动物在莽人食物构成中的比例已微乎其微，因此，莽人的猎捕活动并未对其周边自然环境产生破坏性的影响。

百年巨变 布朗族莽人社会变迁

20世纪80年代，雷公打牛村的罗有先在使用原始弓箭狩猎

20世纪60年代后,火药枪替代了部分弓箭。图为雷公打牛村的罗小大扛火药枪、提鸟笼外出打猎

第二节　现代生产器具替代原始生产工具

新中国成立前，莽人村寨很少有人家买得起铁制的生产工具，个别人家中的铁制工具还常被邻居轮流借去使用。大多数人家在进行农耕活动时，所使用的还是较为原始落后的工具，这些工具以木制为主。例如：长木棒，直径约6厘米，2.5—3米长，下端尖，上端秃；短木棒，直径约3厘米，35厘米长，下端尖，上端秃；木锄，则是选择质地坚硬、形状如钩、粗细适度的树杈，分枝留约20厘米长并削成锄的形状作锄身，另一个分枝则留约70厘米作锄柄，制作简单。

据笔者调查，实际上在莽人村寨的周边，铁制工具早已出现，但因过去莽人的经济发展缓慢，只有极少数人家买得起铁制的生产、生活工具，许多人家只能沿用竹竿、木棒、木锄等传统工具。1992年笔者在坪河下寨调查时，陈小大（时年68岁）说："我们未出林定居前，平河上寨有4户，只有1把斧头、4把平头刀；平河下寨有8户，只有3把斧头、8把平头刀、1把尖刀。当时我们莽人不会种水田，只会进行刀耕火种，播种时用竹竿、木棒、木锄来点种。没有斧头的人家，砍地时要向别人家借。在生活中使用竹筒和芭蕉叶做炊具及饭碗。狩猎中用竹竿、木棒和弓箭作为猎捕工具。这种生活在我们莽人中一直延续到20世纪50年代中期。到20世纪50年代末期，党和政府动员我们出林定居定耕，除了给我们发衣服、粮食、盐巴等外，还给我们配铁锄、铁刀、犁等生产、生活用具。此后，我们莽人传统的竹竿、木棒、木锄等原始工具就逐渐被铁制工具

莽人传说中的木锄制作示意图
（笔者　绘图）

21世纪，平和村的陈大家使用的十字柄斧

21世纪，牛场坪村的罗有先家使用的各种锄具

21世纪，坪河下寨的陈小大家使用的犁具

21世纪，平和村的陈二家使用的耙

取代了。"由此可见，莽人家庭里普遍使用铁制生产工具是在20世纪60年代以后。现代莽人的生产工具主要有铁制的砍刀、斧头、犁铧、耙等，木制的砍伐工具几乎看不到了。莽人进入铁器时代的时间虽然较晚，但是他们善于使用一切外来的先进生产技术和工具。如今，在莽人村寨的周围已布满大片由莽人开垦的甘蔗田和木薯地。

第三节　现代生活器具替代原始生活工具

一、现代炊具和餐具对原始炊具和餐具的改变

20世纪60年代以前，大多数莽人家庭使用竹木制的传统生活用具，只有少数家庭才用得起铁锅。竹盆、竹甑、竹碗、竹杯、竹勺等传统用具同样取材自大自然，经莽人工匠巧手制作后得来。竹盆是取一粗大的竹筒，留两头竹节，然后把整个竹筒砍去三分之一，制成长桶形的竹盆；竹甑是取粗大的竹筒，砍去两头的竹节，然后用篾片编成一个圆形的底，放在离筒底约8厘米处，便成了一个简陋的甑子；竹碗是用直径约10厘米，高约6厘米的竹筒做成；竹杯是用直径约5厘米，高约6厘米的小竹筒做成；竹勺是用直径约5厘米的竹筒砍成。随着外来器具的传入，以上竹制的生活用品在当今莽人的生活中已很少使用了。

20世纪60年代后，铝锅进入莽人村寨。21世纪后电饭煲、电炒锅、铁勺、铝锅、铝盆、砍刀、菜刀、尖刀、木甑、陶罐、陶缸、陶碗、陶壶、瓷碗、瓷杯、玻璃杯等各种各样的生活用具进入莽人村寨。如今，现代化的器具几乎已完全取代了莽人村寨中的原始生活用具。

20世纪80年代，坪河中寨的龙云家使用的竹筒脸盆

20世纪80年代后，部分莽人家庭用铝盆替代了竹盆。图为雷公打牛村的陈二妹家使用的铝制水盆和水壶

20世纪90年代初,坪河中寨的陈光明在野外用竹筒做饭

20世纪90年代初,雷公打牛村的小陈大家使用的木甑子

21世纪初,龙凤村的罗建明家使用的铁皮甑子

百年巨变 布朗族莽人社会变迁

20世纪60年代前，多数莽人家庭使用土锅做饭

20世纪80年代，铝锅完全取代了土锅。图为坪河下寨的罗大妹正在用铝锅做饭

进入21世纪后，多数莽人家庭都用电饭煲做饭。图为龙凤村的罗云祥妻子在用电饭煲做饭

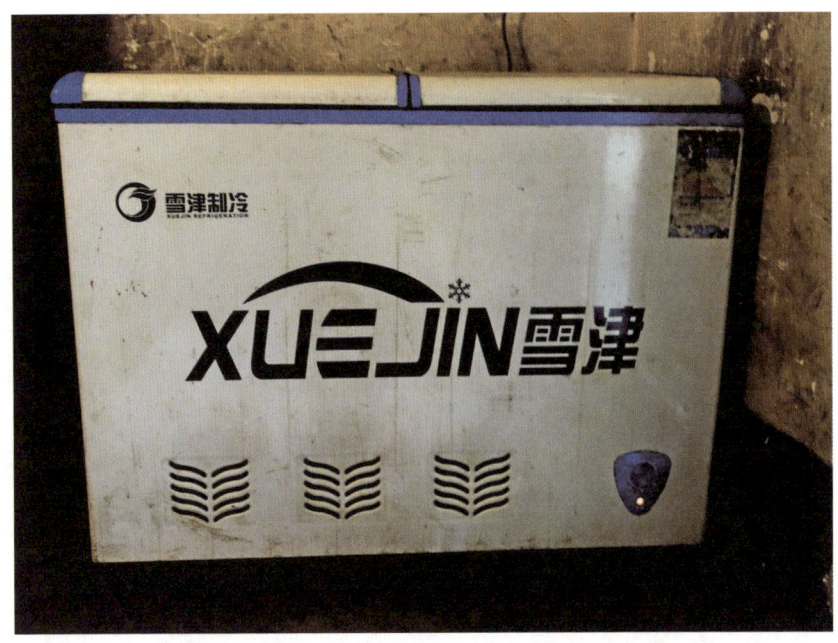

2018年8月,牛场坪村的罗开文家购买的电冰箱

2019年7月,牛场坪村的陈某某家购买的洗衣机

20世纪60年代后，锯齿镰和镰刀完全替代了竹刀。图为雷公打牛村的小陈大家的锯齿镰和镰刀

20世纪90年代中期，坪河下寨的陈二妹母女俩在收割旱稻

20世纪90年代中期，坪河下寨的陈二妹在旱稻地里脚踩脱谷

二、现代收割器具对原始收割器具的改变

同播种工具一样，莽人生产、生活中传统的收割器具也较为简易。据雷公打牛村的龙大讲，他小的时候，收割块根和块茎的工具是尖头木棒，收割旱谷则用手掐穗或用竹片割穗。当时，还很少有铁制的收割工具。据考，20世纪40年代末莽人才有了割谷穗的刀。从龙大讲述的内容来看，莽人在相当长的时期内收割谷物的方法是用手掐穗或用竹片割穗，这是一种较为原始的收割方式。由此，我们可以看出金平县境内的莽人在未并村定居前，仍处于采集农业向种植农业过渡的阶段。他们虽已从其他民族那里引进了少量镰刀，但在每年收割旱稻时，依然使用一种小型镊刀剪取谷穗。这种收获方式效率很低，一个技能娴熟的农人每天只能剪满两背筐，一般人一天只能剪一背筐。上述铁制小刀的使用，说明莽人的社会生产力已经有了很大的提高，但在收割形式和使用方法上仍保留着原始农耕的遗留。同时，莽人的这种收割方法还与其采集时代的习惯有关。据《中国南方少数民族原始农耕形态》载："野生谷物比栽培谷物更容易脱粒，非采用摘穗不可。"[①]20世纪80年代，虽然莽人已从其他民族那里引进了栽培谷物的技术，但掐剪谷穗的收割方法仍然在莽人村寨中流行。到20世纪90年代后，他们所种谷物，不论是传统旱稻还是引进的新品种水稻，在收割稻谷时，逐渐使用镰刀作为最主要的收割工具，过去用手掐、用竹片割谷穗的收割方法已不复存在了。

---

① 李根蟠、卢勋：《中国南方少数民族原始农业形态》，农业出版社，1987年，第45、47页。

三、现代碾米机和粉碎机替代原始手臼、脚碓、水碓

20世纪80年代前,手臼、脚碓、水碓等原始器具在莽人生活中是不可缺少的。1992年5月,笔者在坪河中寨调查时,当地的莽人陈大(时年58岁)说:"1960年以前,我们莽村还没有脚碓和水碓,当时脱谷子皮和舂玉米粉全都在手臼中舂。1958年后,与我们相邻的苗族、瑶族、哈尼族等民族的脚碓传入莽人村寨。1975年,我去勐拉赶街,途经火塘洞瑶村,看到村边有几个水碓。回家后,我就做了一个水碓。这就是我们莽人村寨的第一个水碓。"[1]较之使用人力的手臼,水碓利用溪流的力量冲击水车,进而带动水车轮轴,使碓杆上下运动以起到舂米的作用。莽人所用的水碓较为简陋,用一段木头做碓杆,并在碓杆的前端挖出槽来盛水。还需一根竹子做水管,将山溪引至碓杆前端的水槽中。如此一来,待碓杆前端的槽中盛满水后,水碓就能运动起来,也就可以舂米了。水碓自然是解放了莽人的劳动力,提高了他们的生产力。但是用水碓去壳和粉碎粮食颗粒的效率依旧有限。直到2000年,现代的碾米机和粉碎机才开始进入莽人村寨,逐渐地取代了手臼、脚碓、水碓等工具。最早的机械碾米机和粉碎机使用柴油作为动力燃料,随后电力机器开始被引入。现在,3个莽人村寨已有12台碾米机、14台粉碎机,粮食加工工艺已步入现代化。

回顾莽人社会的发展历程,20世纪60年代以前,较为现代化的一些生产生活工具和技术尚未完全惠及所有的莽人村寨,部分莽人还沿用传承自先民的工具和技艺。上述取火所用的石块、竹片、树枝,狩猎所用的石头、藤扣、木刀,播种所用的竹竿、木锄、

---

① 1989年11月,坪河中寨的陈大讲述。

木棒，谷物加工所用的手臼、脚碓、水碓，饮食所用的竹筒、芭蕉叶，以及照明所用的蜂蜡、火把等工具，几乎都是就地取材，仅有为数不多的金属器物从外面世界流传进来。生产生活工具的"因循守旧"是莽人缺少与其他群体交流往来的一个佐证，可以说，彼时依旧生活于原始落后的经济社会状态之下的莽人，不论在地理空间上还是在经济发展上，都处于边缘状态。然而，值得庆幸的是，社会主义新中国秉持平等、互助、共同进步的民族方针政策，不放弃任何一个后进的民族群体。在党和国家的关心下，在地方政府的努力下，莽人仅用短短数十年的时间便迅速赶上了民族大家庭的发展步伐，成为备受关照的一员，与全国人民共享了社会主义现代化发展的成果。

20世纪80年代末，雷公打牛村陈大妹和龙大妹在用手臼舂米

20世纪90年代初，雷公打牛村的陈二妹母女俩用脚碓舂米

20世纪80年代，坪河中寨的陈忠明家使用的水碓舂米

20世纪90年代中期，碾米机进入莽人村寨后，碾米机完全替代了脚碓舂米。图为坪河中寨的龙海生用碾米机帮别人家打米

20世纪80年代末，雷公打牛村的龙大妹用筛子筛米

20世纪90年代以前,莽人簸米全靠人工。图为雷公打牛村的陈大妹在簸米

21世纪后,打风机替代了人工簸米。图为牛场坪村的罗开文妻子在用打风机簸米

第五章
现代农业易换传统农耕

自然科学是人类在生产活动中长期积累的对自然界中各种现象的观察和认识的总结，它的目的是揭示各种自然现象的客观规律和解释自然现象，并利用这些客观规律来指导人们的实践活动。自然知识的发展有赖于人类生产经验的积累和抽象思维能力的提高，而生产经验的积累和抽象思维能力的提高要靠长期的生产实践活动。[①]当今莽人所掌握的采集、狩猎和农业生产知识，绝大多数都是在长期的生产劳动中积累的经验。他们只需看一眼就知植物采集季节、猎物动向、林地土质肥沃情况等。特别是莽人可以将同一片森林改

20世纪90年代，笔者在坪河下寨的陈二妹家刀耕火种地边

---

① 杨堃：《民族学概论》，中国社会科学出版社，1984年，第257页。

造成不同阶段的三种耕地,先是处女地,再改造成幼林地,最后改造成草地。他们改造林地的经验是:先种1年处女地,然后放荒3—4年。这样地里的树桩不仅不会被烧死,而且树桩发芽长枝快。莽人刀耕火种,一般不挖不铲,而是将原先砍掉的树枝和杂草烧灭,然后雨水一来就用竹竿戳穴点种。这种刀耕火种法,不仅省劳力,而且庄稼也长得好。①

第一节 现代食物替代原始采集和狩猎

一、传统采集、狩猎生活

（一）传统采集

古代莽人与其他兄弟民族一样,曾以采集、狩猎为生。过去,他们居住在岩洞或树洞里,穿树叶、树皮、兽皮,采野菜、野果、块根食用。学会用火后,狩猎活动也随着火的使用而改变和发展。雷公打牛村的龙大告诉笔者:"我们播种火烧地只有150多年的历史。我们的祖先在采集过程中,逐渐发展成人工栽培农作物。"可见,莽人的农业是从采集、狩猎活动中产生并发展起来的。

莽人在长期的采集渔猎活动中,积累了非常丰富的采集野菜、野果的经验。中华人民共和国成立前,他们中的大多数人家一年里有三四个月无米可炊。在饥荒期间,他们便靠采集野菜、野果充饥。马蹄叶、董棕、山药、红毛薯、地枇杷、鸡嗉子果、马尾根、甜蕨、苦蕨、利中冬、利透、芭蕉心、芭蕉花、苦刺叶等都是他们

---

① 尹绍亭:《森林孕育的农耕文化:云南刀耕火种志》,云南教育出版社,1994年,第30—32页。

的采集对象。他们采集回来的野菜、野果，有的可以直接生食。彼时，野菜、野果在他们食物中的构成比例要远高于人工栽培的作物。20世纪50年代末，莽人并村定居后，随着耕种的作物产量有所提高，他们才逐年减少了食用采集野菜、野果的比例。

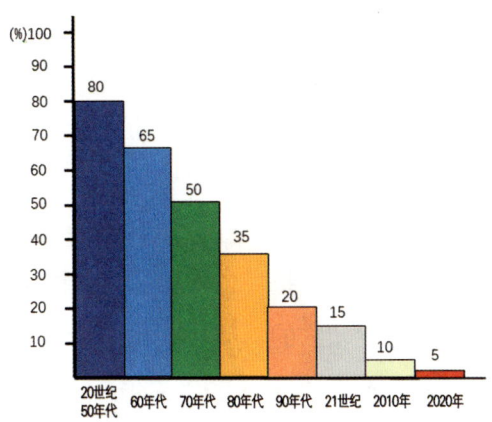

20世纪50年代至2020年莽人采集物在生活中所占比例示意图

20世纪50年代，莽人生活中采集食物占80%，人工种植的粮食（稻谷和玉米）只占20%[①]；60年代，莽人生活中采集食物占65%，人工种植的粮食（稻谷和玉米）只占35%；70年代，莽人生活中采集食物占50%，人工种植的粮食（稻谷和玉米）占50%；80年代，莽人生活中采集食物占35%，人工种植的粮食（稻谷和玉米）占65%；90年代，莽人生活中采集食物占20%，人工种植的粮食（稻谷和玉米）占80%；21世纪，莽人生活中采集食物占15%，人工种植的粮食（稻谷和玉米）占85%；2010年，莽人生活中采集食物占10%，人工种植的粮食（稻谷和玉米）占90%；2020年，莽人生活中采集食物占5%，人工种植的粮食（稻谷和玉米）占95%。

---

① 1950年数据，是由雷公打牛村龙大、小陈大、坪河中寨陈大、龙三、坪河下寨刀义明、龙大，南科新寨罗大、陈大等人估计的。其他数据是村委会提供的。

我们从上图中可看出，从20世纪50年代到2020年的近70年间，莽人的食物构成中采集食物的数量逐年减少，人工栽培的粮食作物越来越多，也有部分食物购买自市场。特别是进入21世纪后，莽人在山林间采集到的食物只占到其食物构成比例的10%或5%左右。而这10%或5%的采集食物也并非由于口粮的短缺，只是他们在农闲时节采来用作调节口味的辅食补充。可以说，青黄不接、忍饥挨饿的历史早已一去不复返，祖先赖以充饥的野菜、野果等不再是莽人获取能量的必需品。

（二）传统狩猎

莽人狩猎的经验较丰富，技术也相当高明。他们熟悉各种动物的特点和习性，掌握野生动物的活动规律和活动区域。虽然他们没有现代化的狩猎工具，却能捕获到老虎、豹子、熊、马鹿等大型动物。他们猎捕大型动物的方法是用小竹条扎制成长约2米、宽约1米的竹排，在野兽常出入的地方，挖一个三四米深的洞，洞底竖插数把锋利的竹刀。随后把扎好的竹排盖在洞口，竹排上撒盖竹叶和树叶作掩饰，野兽在竹排上行走时掉进洞里，即被竹刀刺伤或刺死。捕捉如兔子、松鼠等小型动物，则用竹套扣子。下扣时，把扣子的一头拴在一根竹竿上，另一头插在动物常出没的地方，动物一旦路过就会被套住脖子，而且越挣扎越紧，几分钟后就会窒息而死。如果一人独自猎获到大型动物，必须拿出兽头和一条腿分给村里人，并要设宴招待村里的长老。

莽人狩猎的目的，不仅仅是用来换取粮食和衣物，更重要的是在莽人男子求婚时，野兽肉是必不可少的一种彩礼。如果没有野兽干巴送给女方，他就别想踏进女方家的门槛。所以莽人男子都得学会狩猎的本领和技能。

除野兽外，河鱼也是莽人喜欢捕获的食物。莽人捕鱼的方法有

20世纪90年代,南科新寨的刀自荣在箐沟采摘苦刺果

20世纪90年代,南科新寨的刀自荣在树上采集野菜

20世纪90年代,坪河中寨的陈光明在村边摘吃野果

20世纪90年代,坪河中寨的龙四学在森林中采野生菌子

21世纪初,在坪河下寨村边树上的葫芦蜂窝

20世纪90年代,坪河中寨的陈云和陈光明在丛林中采获的野蜂蜜

三种：一是用手摸。方法是先击水惊鱼，使鱼逃到石缝里，待明确了鱼儿躲藏的位置后，再用手去石缝里捉拿。二是赶。方法是把用竹篾编成须①笼安放在河水流淌处，在离笼100米左右的地方驱赶鱼，鱼就沿河水游进笼里。三是钓。钓鱼不用鱼钩，而是把蚯蚓用麻线串起来，然后缠在一根如手指粗细的小竹竿上，将鱼竿和鱼笼放入有鱼的塘内，当鱼吃蚯蚓时速提鱼竿，鱼便落入鱼笼中了。

20世纪80年代末，笔者进行田野调查时，见到当时莽人村寨中豢养禽畜的农户还较少。他们养殖禽畜的主要目的也多是为宗教祭祀准备的牺牲，而不是养大之后背到市场交易。所以，20世纪80年代前，莽人的肉食构成90%都来源于狩猎或渔猎获得的禽兽和鱼虾。到20世纪90年代后，当地政府派兽医深入到莽人村寨培训村民的养殖技术，而后莽人豢养家禽家畜的农户才越来越多。如今，多数莽人家庭养殖的禽畜已能自给自足，只有部分人家一年要买一两头猪和几只鸡用来食用，还有部分养殖大户偶尔还出售家养的生态猪和走地鸡，以此增加收入。

第二节 现代水田农耕替代传统刀耕火种

一、传统刀耕火种方式

20世纪60年代前，莽人的耕地以刀耕火种地为主。他们在选择林地时，因来不及砍林开垦，又担心别人抢先占有，就以做记号的方式，表明此地已有所属。记号有以下几种：（1）在选好的林地

---

① 须：俗称，即倒刺。

21世纪初，坪河中寨的龙文明在村边河中用撮箕捕鱼

21世纪初，龙凤村的刀文兴和罗自忠在林中用撮箕捕鸟

20世纪90年代,雷公打牛村的罗有先在山路边用弓箭射猎

20世纪90年代,雷公打牛村的罗开明等人狩猎归来

周围，砍倒几棵小树；（2）在林地边缘行人易路过且显眼的地方，用树枝或竹子插成数处十字桩；（3）在林地边缘或人容易看见的地方，结数处草疙瘩；（4）在林地周围稍大的树上，剥去三片醒目的树皮；（5）在林地周围的草丛中割出显眼的十字形；（6）在林地的四周插数根砍有三个缺口的木片；（7）在林地的四周各挖两个土坑。因这些人工标记在自然状态下很难形成，故而凡是林地附近有上述记号者，就说明这块林地已有了主人，后来者见了记号就会悄然离去。新开垦出来的耕地，其主人有使用权，直到地力消耗殆尽，不能耕作为止。随后，耕地将被放荒，几年后，这里又成了林地。此时，其他人也有开垦的权利。

莽人在长期的刀耕火种生计中，积累了丰富的经验，可把一片森林改造成用途不同的各种耕地，先改造成处女地，再改造成幼林地，最后改造成草地。

（一）处女地

莽人种的处女地有几个优点：一是只种一年的处女地抛荒后树木容易再生。所以在砍伐、烧地、播种时，莽人都很注意保护地里的树桩，以利于树桩迅速发芽长枝。这是一种有利于保护生态环境的刀耕火种方式。二是只种一年的处女地害虫和杂草比较少。由于新林地树木多，烧地时火势猛烈，害虫和杂草都被烧死了，所以，处女地里的虫灾和杂草较少，有的处女地甚至不必除草。三是只种一年的处女地有利于保护水土。由于处女地耕作期短，树木发枝恢复快。因此，可以减少水土流失。四是只种一年的处女地粮食产量高。新开辟的处女地，树木和杂草茂盛，焚烧后灰料多。这些灰料中富含磷、钾、钙等化学元素，土壤自然就肥沃，所以粮食产量较高。五是莽人的处女地，一般不挖、不犁。地里的树木焚烧之后，作为肥料的草木灰覆盖于表土，雨水来临，部分灰料渗入土中，有利于作物吸收。不挖、不犁的另一个好处，就是树根很少受到伤害。刀耕火种利用的多是表层的土壤，地里的树桩短期内便会发芽长枝，五六年后又可以再次砍伐耕种。

（二）幼林地

莽人的幼林地，是处女地抛荒后改造过来的一种刀耕火种地。因莽人在砍伐处女地时，烧地、播种等过程中都特别注意保护地中的树桩，所以处女地休耕五六年后，原树桩发出的树枝又可以砍伐烧地，地力得以阶段性的恢复。虽然这种幼林地的耕作效果比处女地差一点，但由于烧地时火势猛烈，杂草和害虫都被烧死了，所以幼林地里的虫灾和杂草也很少。加上烧地时会产生丰富的肥料，保证了一定的作物产量。因此，在莽人的耕地中可以不断复耕的幼林地所占的比例较大。

（三）草地

莽人的草地，是幼林地抛荒后改造过来的一种刀耕火种地。一块幼林地只种一年便抛荒，目的是过几年能再重新砍伐烧地耕种。为此，莽人砍伐幼林地时，树桩上的枝条留得较长，烧地、播种时又很注意保护。这样，幼林地休耕两三年后，地里的树枝虽然比较少，但杂草多，焚烧这些杂草产生的灰料完全可以满足农作物生长的需要。不过，草地里的虫灾和杂草比幼林地多，产量也比幼林地的低。因此，这种草地在莽人的耕地中相对较少。

以上三种使用刀耕火种耕作的耕地，是莽人原始农耕残余的反映，它表明莽人在当时不仅没有翻土工具，更不懂得翻土、除草、施肥等生产技术。在这种情况下，林地砍烧的第一年，土地肥沃疏松，杂草也很少，产量较高。如果继续耕种，草木又没有长起来，砍烧后起不到除害增肥的作用，又易遭受虫害，产量自然就低。因此，对于居住在地广人稀地区，并刚从狩猎经济过渡到农业经济的

20世纪90年代,坪河下寨龙三家的刀耕火种地

20世纪90年代,坪河下寨陈小三家烧的刀耕火种地

20世纪90年代，坪河下寨的陈小三家在刀耕火种地里种玉米

20世纪90年代，坪河下寨陈小明家刀耕火种地里种的金黄色的旱谷

莽人来说，不能不另砍伐新林地进行刀耕火种。为了续存，莽人便需要不断迁居游耕，以利用不同地块的地力，这就决定了莽人既无法长时间在同一处地方定居，也难以形成较大规模的聚落。

马克思在《科瓦列夫斯基〈公社土地占有制，其解体的原因、进程和结果〉一书摘要》中也谈到北美印第安人的原始农业部落存在着两种耕作制度："在某些地方，部落耕种的地段满一年便被抛弃；在另一些地方，清除草莽、灌木和森林而得来的土地则继续加以播种，直到地力完全耗尽。"[①]莽人的刀耕火种与北美印第安人一样，种一年就抛荒，反映了莽人当时的自然环境和社会经济状况以及年年砍伐耕作的原始农业生产特点。

二、台地和水田

新中国成立后，莽人聚居区的政治和经济生活有了巨大的变化，莽人被纳入多民族的大家庭中。这促使他们与邻近民族的交往变得越来越密切。因受邻近兄弟民族的影响，莽人的经济结构也逐渐地发生了变化。莽人对自己传统的生存方式做了适当的调整，他们开始逐渐采用定居耕作的方式取代刀耕火种。例如，将原来低海拔地区耕种的刀耕火种地有意识地开垦成台地，在台地里种植玉米、旱谷等农作物，经过两三年的栽种后，水源方便的台地便逐渐被改成水田。据宋恩常、李老腰调查，莽人是从1957年才学种水稻的，但那时只是个别人家在种植。1958年以后，尤其是并村定居后，莽人开始了农业生产技术的改革。草果坪村和南科村的莽人在瑶族、拉祜族人民的帮助下掌握了栽培水稻的生产技术，就是尚未

---

① 李根蟠、卢勋：《中国南方少数民族原始农业形态》，农业出版社，1987年，第81、82页。

组织互助组的坪河中寨和坪河下寨也在1959年播种了147斤水稻。①此后，在当地政府和邻近兄弟民族的帮助下，莽人开始大规模开垦水田，可以重复耕作的水田逐渐取代了原来的刀耕火种地和台地。1960年前，莽人不会修建人工水利设施用以灌溉水田，只能利用天然的流水，在比较低洼的地方，或在溪泉水能流到的地方开几块小水田。后来，虽然也在地势稍高的山腰开垦出了一些水田，但因人工开凿的水源渠道少，完全依靠天然的降雨才能耕种，因此被称为"雷响田"，即天公打雷方得水。

进入21世纪以后，莽人聚居区开展了轰轰烈烈的综合扶贫工程，在各级党委、政府的帮助下，在莽人聚居区规划实施了基本农田建设工程。以综合扶贫为契机进行的农业改造项目，在农田水利建设方面，主干道水渠都全部用水泥修筑成三面光沟，不仅扩大了莽人的耕地面积，客观上增加了他们的粮食产量，还为莽人群众脱贫致富奠定了良好的基础。

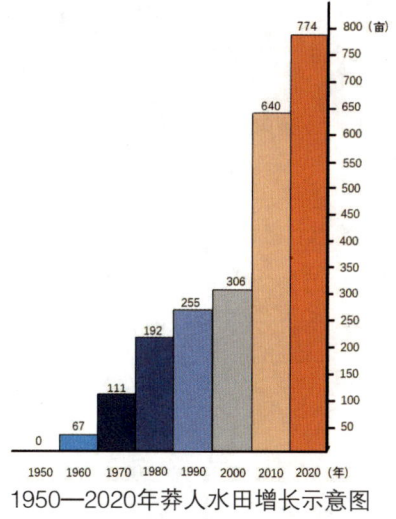

1950—2020年莽人水田增长示意图

---

① 宋恩常、李老腰：《云南省红河哈尼族彝族自治州金平县苦聪人社会经济调查》（附：金平县第三区普角乡插满人社会经济调查），内部铅印，1960年，第65页。

20世纪90年代,坪河下寨陈大妹家在固地里种的金黄色的旱谷

20世纪90年代初,坪河下寨陈小明家刀耕火种地中种的玉米

21世纪中期,在镇农科员指导下牛场坪村罗开文家台地里种的杂交玉米

20世纪90年代末,坪河中寨陈大陈自兴家开垦的梯田

20世纪90年代,坪河下寨陈德兴家挖的梯田

1950年以前莽人没有水稻田；1960年莽人有67亩水稻田；1970年莽人有111亩水稻田，1970年比1960年增长44亩；1980年莽人有192亩水稻田，1980年比1970年增长81亩；1990年莽人有255亩水稻田，1990年比1980年增长63亩；2000年莽人有306亩水稻田，2000年比1990年增长51亩；2010年莽人有640亩水稻田，2010年比2000年增长334亩；2020年莽人有774亩水稻田，2020年比2010年增长134亩。[①]

　　1960年以前，莽人农耕是以旱地为主。1960年政府动员他们出林定居时，出资请邻近民族帮助他们开垦67亩水田，而后莽人向水田农耕发展。据统计，从1960年到2020年的60年间，莽人水田已有774亩，年均增长12.9亩水田。进入21世纪后，随着政府精准扶贫的持续推进，莽人的生活由"输血"变为"造血"，从根本上解决了贫困问题。

第三节　现代科学种田替代传统耕种方式

　　新中国成立至今，在各级党委、政府的关心和帮助下，生活在大山深处的莽人不仅学会了开垦水田，还学会了犁田、耙田和田间管理等各种耕种技巧，莽人的粮食产量较解放前有了很大的提高，且相对稳定。新中国成立前，莽人并没有耕种水田、出产水稻的传统和能力，渔猎采集和刀耕火种是他们最主要的生计方式。新中国成立以后，特别是随着水田耕种面积的逐年增加，在莽人的食物构成中渔猎采集所获食物的比例在不断地减少，稻米也取代了诸如玉米、木薯等"杂食"，难以想象，在老一辈莽人的记忆中，莽人还

---

① 2021年2月25日，由金水河镇南科村委会和乌丫坪村委会提供。

过着"一年吃不饱、半年饿肚子"的艰苦生活。随着现代农业科技在莽人村寨中的应用和推广,萦绕在莽人群体记忆中对饥荒的恐惧已被彻底消灭。可以说,温饱早已不再是莽人所追求的目标,渔猎采集和刀耕火种也将被历史尘封。莽人的社会经济已得到前所未有的发展,更令人意外的是,莽人所在的金平县原本计划于2020年全县全面脱贫,但莽人却早在2016年便提前四年完成了脱贫目标。对于曾经原始、落后的莽人来说,这是一个多么巨大的成就!

对现代科学的接受和运用水平,在某种程度上折射出一个群体在经济社会发展阶段上所处的位置。如果我们做一个简单的时间划分,那么莽人在新中国成立前后所遇到的发展际遇差异,恰好反映出现代化对其经济社会的重要影响。兴建学校、发展基础教育,让莽人子女平等地享受到了学习新知识、接轨新世界的权利,接受过新式教育的新一代莽人可以从容地走出大山,寻求更多的发展机

21世纪初,雷公打牛村罗有明家开垦的梯田

会。义务教育的普及,增强了莽人的国家认同感;现代医疗体系的完善和卫生健康事业的初步建立,使得莽人在遇到病痛时有了更多的选择,而不是一味地诉诸魔公、鬼魂,或以简单的传统草药治疗,他们的生命健康得到了更好的保障,其人口数量也在逐年增加;边境道路的修建,使得大山深处的莽人可以更加方便高效地与外界交流,一些经济作物和山货被他们运输至更大的市场,他们的经济收入得以增加;现代农业科技的推广和普及,让莽人逐渐告别了延续数百年的渔猎采集和刀耕火种的生计方式,莽人在粮食生产上不仅实现了自给自足,甚至还有盈余。如今的莽人村寨不仅通了电、通了水、通了路,多数家庭购买了洗衣机、电冰箱和摩托车,还连接上了互联网,居民的日常生活与过去相比已不可同日而语。可以说,如今莽人幸福生活的获得,离不开党和政府对他们不遗余力的关心和支持。

镇农科员在龙凤村莽人水田里试种的杂交水稻

镇政府在龙凤村莽人种的杂交水稻田里召开现场会

龙凤村莽人收割杂交水稻

龙凤村莽人杂交水稻获丰产

第六章
现代科学在莽人生活中的应用

本章主要记述了莽人传统教育、魔公驱鬼治病和密林深处人背马驮、刀耕火种等原始生产生活的内容。重点介绍了20世纪60年代后，在各级政府的支持和帮助下，莽人村寨开办了中小学学校，现代的文化教育、农业科技、医疗卫生等影响到了莽人生产生活的方方面面。过去莽人社会中魔公驱鬼治病、山间小路人背马驮运输物品、林中刀耕火种生产粮食等原始落后的生产生活方式被现代生活方式替代，随着与现代化的不断接轨，莽人聚居区的社会经济文化发生了巨变。

20世纪90年代末，笔者（右一）和红河州民族师范学校政教处处长杨华（左一）同笔者推荐报送的3位莽人师范生合影

第一节　现代教育对传统陋习的改变

1968年以前，莽人村寨没有开办过任何形式的学校，村民不仅无人能识读汉字，甚至能听懂汉语的人也屈指可数。因此，若按照国家的扫盲标准来判定的话，当时所有莽人都是文盲。到1969年，按照国家有关文件精神，为提高莽人的文化教育水平，在当地政府部门的主导下，于当年的10月在南科新寨开办了第一所莽人公办小学，随后雷公打牛村和坪河中寨也办起了学校。办学初期，条件较为艰苦，这三所学校均为一师一校的初级校点，只教授一年级至三年级学生，且是隔年招生。

一、莽人聚居区的办学历史和对莽人子女的培养

（一）各校点办学历史

莽人聚居区最早开办的南科新寨小学创办于1969年10月。至1980年7月，先后在该校任过课的教师有罗三、王乔有、陈小妹、白德明四人。1981年该校停办，后又于1982年复办，此后几年的任课教师为陈世宏和连金。到1987年该校并入南科瑶族小学，任课教师为曹有昌。1988年10月，随着南科新寨整村搬迁，该校的莽人学生便被并入联防小学。

雷公打牛村小学创办于1971年10月。至1979年6月，先后在该校任过课的教师有刀家凡、龙和平、普正德三人。1979年至1984年期间学校停办。1995年复办后任课教师为罗继新。2010年3月，随着雷公

打牛村整村搬迁，该校的莽人学生并入田房小学。

坪河中寨小学创办于1978年10月，至今仍在办。先后在该校任过课的教师有陈世宏、王文华、沈建祥、杨有明、马文学五人。2010年3月，随着坪河中寨整村搬迁，该校随即搬迁到平和村，此后的任课教师为罗素芬。

（二）培养学生

从以上各校办学时间看，莽人聚居区办学的历史已过半个世纪。按笔者从2000年至2010年期间所做的调查统计：该地几所小学开办的前30年，莽人中读过一年级的有369人，但读完的只有315人；读过二年级的有286人，但读完的只有233人；读过三年级的有208人，但读完的只有158人；读过四年级的有82人，但读完的只有60人；读过五年级的有42人，但读完的只有29人；读过六年级的有25人，但读完的只有18人。此外，也有部分莽人子女在小学毕业以后升入中

20世纪90年代初，雷公打牛村莽人失学儿童

学继续求学,据笔者统计:这些人中读过初中的有14人,但读完的只有4人;读过师范的有3人。据2000年统计数据,4个莽人村寨当年共有入学适龄儿童132人,其中在校生64人,入学率48.5%。在校生中,女生29人,占在校生人数的45.3%。

2000年12月莽人文盲统计情况表

村名	总人口（人）	15—30岁文盲（人）			文盲率（%）	备注
		文盲数	男	女		
雷公打牛村	201	53	26	27	26.4%	办有村小学
坪河中寨	176	39	18	21	22.2%	办有村小学
坪河下寨	90	34	19	15	37.8%	全村文盲
南科新寨	187	63	30	33	33.7%	办有村小学
合计	654	189	93	96	28.9%	

从上表可见,坪河下寨全村都是文盲,究其原因是这个村寨从来没有办过学校。1966年,村里曾派村民陈小明和陈忠明去勐拉会计培训班学习,结果两人学了一个多月就逃学回家,其余村民也没一个人进过学校。由于缺少知识,直到2003年底,这个村集体记工、摊派任务还采用刻木记事的方式。我们从2000年4个莽人村寨的教育状况中,可以总结出莽人村寨教育落后的主要原因:一是教学点不够。现在,4个莽人村寨虽然有3个校点,但因为寨与寨之间相隔五六个小时的路程,如果本寨没有校点的话,要一个六七岁的小孩每天走五六个小时的山路去上学,是很不现实的。至2000年,坪河下寨没有办过校点,村里无一人上过学,导致全村都是文盲,使该村成为典型的"文盲村"的主要原因一是适学儿童无法就近求学,二是教师不安心工作而影响教学质量。由于从外地分配到莽人村寨工作的教师,全是未婚男子,他们一人守一校,需要克服生活

20世纪90年代,坪河下寨全村都是文盲。图为该村全部失学儿童

20世纪90年代，坪河中寨小学。图为莽人第一位小学教师——陈世宏在坪河中寨小学

2009年7月，坪河中寨小学从坪河中寨搬迁到平和村。图为平和村小学

和心理上的双重困难。莽人聚居的村寨，不仅社会经济落后，而且交通十分闭塞，山高路远，老师回一趟家往返要走十多个小时，有的甚至更远。在这样的条件下工作，教师的婚姻问题也很难解决。所以大多数教师心猿意马，得过且过，在工作上应付了事。在这种状态下教书，必然导致教学质量不高。他们教出来的四年级学生所掌握的知识还比不上中心完小的二年级学生。因此，莽人聚居区的教育质量也就难以提高。

二、现代教育的建设与发展

21世纪伊始，为了更好地促进莽人社会经济文化的发展，党和政府出台了多项旨在助力莽人发展教育事业的政策。莽人刀文兴、陈素珍、罗素芬三人曾于2000年进入红河州民族师范学校学习，2003年他们从师范毕业后成了莽人山寨文凭最高的人。三人回到家乡后，被聘用到村小学任代课教师，一干就是四年。他们的到来，使莽人村寨的孩子再也不用跑到十多公里的外村小学读书了。而在过去，4个莽寨中的6岁到12岁的孩子们为了读书必须要走一个小时左右的山路，其间山高林密，不乏险恶之处，对孩子而言，安全是个大问题。

为了解决莽人子女"读书难"的问题，在实施莽人集中搬迁定居后，当地政府又新建或扩建了多所小学。新建的小学有：上田房小学，该所小学建筑面积为555平方米，并配套了相应的教学设施；水龙岩安置点（平和村）小学，该所小学建筑面积为321平方米，也配套了相应的教学设施。学生较为集中的南科中心小学则得到了扩建，建筑面积扩大为1016平方米，增加和完善了相应的配套设施。随着这几所小学的新建和扩建，莽人学生从此告别了破旧的学校，

2008年6月，易地搬迁前的雷公打牛村小学

2009年7月，从雷公打牛村搬迁到牛场坪后的学校〔生源主要为布朗族（莽人）和苗族〕

走进了宽敞明亮的教室。

除了基础设施得到保障外,在校的莽人子女还享受到国家"两免一补"的政策。中共金平县委、县政府还出台了特殊优惠政策,每年由县财政出资10余万元,对中小学生进行补助。义务教育实行全免费的同时,在生活上还给予学生适当的补助,保证他们能顺利完成义务教育阶段的学业。当地政府还选送部分品学兼优的学生到县城条件较好的八一中学读书,给予了莽人子女更多的求学深造机会。如今,莽人子女"读书难"的问题已得到了彻底的解决。①

2020年6月莽人文盲统计情况表

村名	总人口（人）	15—30岁文盲（人）			文盲率（%）	备注
		文盲数	男	女		
牛场坪村	248	4	1	3	1.6%	2009年雷公打牛村整村搬迁到牛场坪村
平和村	304	28	12	16	9.2%	2009年坪河中寨和坪河下寨合并为平和村
龙凤村	235	18	7	11	7.7%	1998年从南科新寨搬迁到龙凤村
合计	787	50	20	30	6.4%	

我们从上表中可见,从2000年到2020年的20年间,文盲数从占人口总数的28.9%下降到6.4%,2020年比2000年文盲数下降了22.5%。现在莽人有3个函大毕业生、3个中专毕业生、8个高中毕业生。由于莽人现代文化教育水平的逐步提高,在他们的生活中,

---

① 中共金平苗族瑶族傣族政治县委员会、金平苗族瑶族傣族政治县人民政府编:《太阳下的村庄:金平县莽人综合扶贫工作纪实》,2013年3月(内部印刷),第81页。

位于龙凤村的金水河镇南科小学

金水河镇南科小学全景〔生源主要为布朗族（莽人）、拉祜族、苗族、瑶族、彝族、哈尼族等〕

金水河镇南科小学老师给多民族学生上课

金水河镇南科小学多民族学生一起上自习

金水河镇南科小学各民族老师、学生一起做广播体操

"有饭大家吃,无饭大家饿"的原始平均主义思想和男女老少都吸烟、饮酒,特别是"饮酒饮到哪里,醉到哪里,睡到哪里"的陋习,现在已经逐渐改变,在穿着打扮和人的精神面貌方面都焕然一新。[1]较之20年前,现在的莽人已经更深程度地融入现代社会,其中教育发挥的重要作用自然是不言而喻的。通过对知识的学习,年轻一代的莽人不仅可以轻松地读书写字,也更加迫切地需要与外界进行联系,其国家认同感得到空前的加强。

---

[1] 金水河中心学校提供。

第二节　现代医疗替代魔公驱鬼治病

一、魔公驱鬼治病

马克思指出,宗教的根源不是在天上而是在人间。在莽人的心目中有万物有灵的思想观念,认为天有天神和天鬼,地有地神和地鬼,水有水神和水鬼……无论是自然崇拜,还是图腾崇拜和祖先崇拜,其核心都是神灵崇拜。在他们的生产劳动中,若遇久病不愈,便认为那是鬼魅所害,这时就需要请魔公①占卜、并进行有针对性的打鬼、驱鬼、招魂等,以此方式来治病。

笔者于兰在龙凤村向刀志忠夫妇调查莽人村寨医疗卫生发展情况

---

① 魔公:莽语为"t-gua",含有巫师或祭司的意思。因此,莽人将魔公与巫师混同。

20世纪90年代前,莽人生病很少有人去医院看病。图为南科新寨陈二生病在家睡觉

20世纪90年代,南科新寨莽人魔公罗老大在水井边给陈家病人招魂治病

（一）魔公占卜看病

莽人没有专职的魔公，只要熟悉宗教礼仪和祈祷语词的人，均可担任魔公。莽人魔公占卜不用鸡股骨、鸡蛋、大米，而是用铁刀。其方法是：用绳拴住刀尖和刀柄，魔公的两手持绳，然后将刀悬于空中，来回摆动，边摆动，边念占卜词。

念毕卜词，魔公先细观其刀刃摆动的状态与方位，再确定是什么鬼作祟，需要祭什么鬼。需要莽人祭鬼的情况如下：

第一，因砍树而得病的，认为是林鬼所害。这时，患者家属就请魔公杀鸡祭林鬼。祭鬼时，魔公在患者家后门口摆设一张篾桌，桌边象征性地插一树枝，表示病者砍倒的树已种还。把鸡杀好煮熟后，魔公双手端着祭品在病者身边念诵："啊！林鬼，他砍倒的树已种还，你要吃的鸡肉已祭，你要喝的酒已献。你吃饱喝足后，就带着祭品和祸鬼快回你住处，不要害人了……"然后取少量祭品和桌边插的那一树枝，送往患者致病方向的路边。

第二，莽人相信灵魂不灭，认为人死后，灵魂还继续存在。有的灵魂是好的，有的灵魂却变成恶鬼。若人触犯或得罪恶鬼，恶鬼便使活人患病或致死。因此，在丧葬中某人一旦得病，莽人就认为是恶鬼所致。这时，患者家属就要请魔公来驱鬼。魔公就在患者家里取一点饭菜，面朝患者，念数句咒词："死鬼，你为何要害人，他没有得罪你，你要吃要喝，我祭献给你。吃饱喝足后，快离开此地，回你的住处……"咒毕，魔公双手端着祭品，从后门走出去，将祭品送往送葬时走的路边。魔公送鬼后返村时，不能回头，只能往回村方向看。

第三，河中捞鱼而得病的，则认为是水鬼所害。这时，魔公就在水塘边或河边，用竹子捆扎成一架小楼梯放入水中，另一端靠置岸边，并向水鬼念道："猪鸡肉已祭，酒饭已献好，我向你祈祷，

20世纪90年代,坪河中寨莽人魔公陈永明在病人家门口给病人招魂驱鬼治病

我向你跪拜,快放走灵魂;楼梯已插入水中,让失魂沿楼梯上来;道路已经指明,让灵魂踏上归程。"①

第四,在家生病,则认为是恶鬼进入家里所致。这时,请魔公来驱鬼。魔公从房内右侧处驱鬼,使其不致加害于人。驱鬼时,魔公蹲坐,用布盖脸,口中念咒词,向天祈祷。随即站起来用手抓起原先备好的五谷撒向屋角、房梁、病人住处,将鬼驱赶出去,达到驱鬼除病的目的。

(二)魔公驱鬼词

魔公对鬼魂进行祈祷驱赶之后,再用竹篾编制成扁平菱形的多

---

① 李道勇:《莽村考察》,载《中央民族学院学报》,1993年第1期,第61页。

孔法器挂在房门口，以此防鬼再次作祟。莽人认为这种多孔的扁平菱形竹篾编制物，可以使鬼眼模糊而害怕房屋。

除可以驱鬼祛魅外，莽人还深信魔公也有放鬼和驱鬼的本领。其方法是：将笋叶剪成小人形状，并配一些咒符，然后挂在门口，如此人们便认为魔公已放出了鬼，并认为这样释放的恶鬼可以使欲加害之人致残、致病或致死。莽人认为有的魔公还有捉鬼的本领。因此，在莽人社会中，魔公享有一定的社会地位，人们往往对他们又敬又畏。

（三）魔公招魂治病

为了使自身灵魂保持完整，莽人要根据不同的失魂方式和地点，举行不同的招魂仪式。莽人招魂的原因有很多种。这里先介绍因在河里摸鱼得病而举行的招魂仪式。莽人到河里摸鱼时，因不注意身体，容易感冒或发烧，可他们不知生病的原因，认为是水神把灵魂掳走所致。这时，患者家属就会备好祭品，请魔公到河边招魂。魔公到河边后，首先用绳子和小竹捆扎成一架小型楼梯，随即把梯子的下端放入水中，另一端靠岸边。魔公就在梯子旁边开始念诵招魂词。

另外，莽人在家里突然生病，则认为是灵魂去远方迷路而回不来所致。如果病的时间长，其病情越来越严重时，患者家属就请魔公在家杀鸡举行招魂仪式。魔公首先拔一根鸡毛插在患者的头发中央，接着手端祭品，同患者一起坐在大房的正门口开始念诵招魂词。

（四）魔公祭祖治病

莽人祖先崇拜的产生与灵魂信仰观念有关，是在鬼魂观念的基础上发展起来的。莽人祭祖时，对父母两系的祖先还有不同的祭祀方式。祭母系祖先是在房外临时搭建的一间芭蕉叶棚内，安置一张小床，一个饭箩里装满谷子，谷子上置放一坨食盐、一块钱币、

20世纪90年代初，雷公打牛村莽人魔公小陈大从林中采集的治胃病的草药

一块白布。为病轻者祭祖时杀鸡，为病重者祭祖时杀猪。祭品摆好后，魔公就在棚内举行祭母系祖先的仪式。祭父系祖先有固定的地点，即在房内左侧的第一个火塘对面。祭品是一头猪或一只鸡。把祭品煮熟后，放入一个篾器内，然后找一枝带有绿叶的树枝摆放在祭品上，魔公就开始举行祭父系祖先的仪式。莽人一般情况下不祭祖先，除非家中遇有不幸。莽人祭祖，不仅有追思怀念的含义，更希望祖先的在天之灵能保佑自己，驱除自己身上害病的恶鬼，尽快从病痛中康复。

二、民间草药治病

20世纪90年代前，莽人先民为了生存，不断地与各种各样的疾病作斗争，并从中积累了一定的医药知识，懂得利用一些动植物粗加工做成药来治疗疾病。当他们有了外伤时，还知道用绳子扎住伤口止血，并用某些植物作为止血消炎剂敷于伤口处。同时，他们不仅懂得利用有毒动植物和矿物制作毒药，涂抹在弓箭上制成毒箭；而且还会制作解毒药物，为被毒蛇咬伤的人解毒。据雷公打牛村的陈大介绍，莽人使用的草药有百余种，现作如下介绍：

从莽人使用的药物看，莽人一般不用配方药，除有少部分药可以泡酒口服外，大部分药皆为单方煎服。例如，治疗风湿性关节炎、骨折、跌打损伤、喘咳、肿痛、胃痛、月经不调等用"竹节草"和"狗屎花"煎服；慢性肾炎、膀胱炎、慢性支气管炎、扁桃体炎、淋巴体炎、肾结石等用"野豌豆"煎服。

（一）治疗胃肠及相关疾病

胃肠道出血、咯血、痔疮出血、尿血、子宫出血、脱肛、产后恶露不净、闭经、跌打损伤等用"长生不死草"煎服。

20世纪90年代末，龙凤村的罗玉清在采集治腹泻的草药

（二）治疗头痛和疔疮等病

头痛、失眠、眩晕、高热、被毒蛇咬伤等用"羊屎果"煎服。

疔疮肿毒、急性乳腺炎、感冒发热、急性扁桃体炎、骨髓炎、急性肾炎等用"灯笼花"煎服。

（三）治疗牙痛和吐血等病

牙痛、鼻衄、乳腺炎等用"苦马菜"煎服。

肺结核、咯血、吐血、鼻衄、便血、消化不良、赤白痢疾、肠炎、贫血等用"翻白叶"煎服。

吐血、咯血、衄血、便血、子宫出血等用三七煎服。

牙痛、急性胃炎、发高烧、跌打损伤、风湿痛等用"灯盏细辛"煎服。

另外，大将军、大草乌、红根、大力药、麻芋杆等几十种大毒药泡酒外擦可以消炎、止痛、解毒、祛风、杀虫、散瘀消肿等。

过去，莽人除了会用植物作药外，还会使用动物作药。如：虎骨泡酒口服，可治风湿炎、跌打损伤等；熊胆治喉肿、发热等；熊毛止血；猴脑治精神病；猴子月经治妇女月经不调；马鹿心血治心脏病；鹿胎治子宫病；大象皮治刀口伤；蛇骨治风湿、蛇胆用来消炎……这一切都是莽人在几千年的生产、生活中总结出来的经验。

20世纪90年代以前，莽人虽然已定居定耕，但仍然居住在偏僻的山区林边，村寨远离村委会驻地二三十公里，没有通达的公路，各地往来只能走山间小路。因交通不便，看病就医的阻碍很大。彼时，莽人村寨还没有完全实行相应的农村医疗制度，也没有乡村医生流动来莽村为村民治病。当莽人村民遇到疾病时，只能请魔公驱鬼叫魂，并寻些附近的草药服用。那时的莽人无论是生活水平、还是思想素质等都比邻近民族差，有些年份人口不仅不增加，甚至还有所减少。

三、现代医疗进村寨

21世纪以来,特别是2008年莽人聚居区综合扶贫项目实施以后,各级党委、政府为了解决莽人群众"看病难"的问题,在莽人聚居区实施农村合作医疗的基础上,又规划新建了牛场坪村、平和村安置点2个80平方米大小的村卫生室,并新建村卫生厕所2个。修缮翻盖龙凤村的南科卫生所1个。使3个莽人村寨都配套建设了村卫生室。当地政府还培训了4名莽人乡村医生,并将他们安排到各莽

21世纪初,莽人村寨都有了农村合作医疗点。图为牛场坪村和上田房村的卫生室

人村卫生室上岗行医。从此，莽人山寨有了自己的卫生室和乡村医生，莽人群众的医疗卫生需求也得到了保障。

自从村里有了村卫生室和乡村医生后，莽人生病请魔公占卜、驱鬼、招魂、祭祖等治病的情况也越来越少了。如今的莽人不管是感冒还是拉肚子，都会到卫生室，请医生看病，吃药打针，很少有人再去请魔公驱鬼治病了。可以说，在如今的莽人村寨，现代医疗几乎已经完全替代了传统的魔公驱鬼治病方法。

四、医疗卫生条件的改善促进人口的增长

迈入21世纪，在中共中央和云南省委、省政府以及州、县、乡（镇）党委、政府的特别关照与帮助下，经过多年的努力，如今的莽人村寨有了漂亮的村卫生室和本民族医生，初步缓解了过去村民"看病难、看病贵"的状况。魔公驱鬼治病的市场也在逐步萎缩。村卫生室的建立和乡村医生的入驻，使得莽人的死亡率比过去下降了很多，其人口增长率也得到大幅提升。身体病痛的缓减也使莽人的精神面貌焕然一新。

如前所述，游耕在大山深处的莽人直到20世纪60年代才正式定居定耕，社会主义新中国的建立为莽人社会经济的发展提供了极为重要的契机，在各级党委、政府的帮助下，莽人从原始社会跨越几种社会形态直接过渡到社会主义社会，其生活面貌发生了翻天覆地的变化。从1950年到2020年的这70年间，无论是在文化教育，还是在医疗卫生等方面，莽人都经历了从无到有、从有到好的过程。医疗卫生和文化教育条件的改善，既保证了莽人人口的合理增长，为其族群的延续奠定了基础。同时，日渐提高的人口素质，也为莽人融入现代经济社会提供了保障。

21世纪初,笔者采访莽人医生罗绍华行医情况

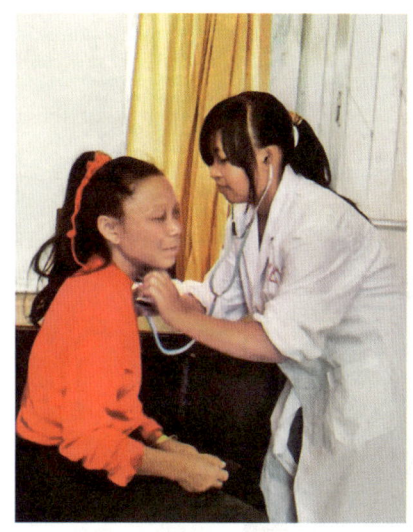
莽人医生罗自芳为病人诊断病情

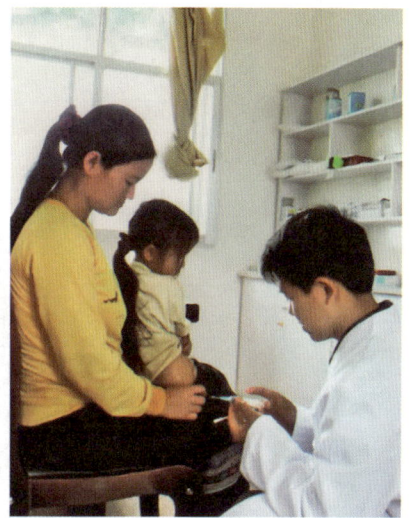
牛场坪村莽人医生罗绍华为病人打针

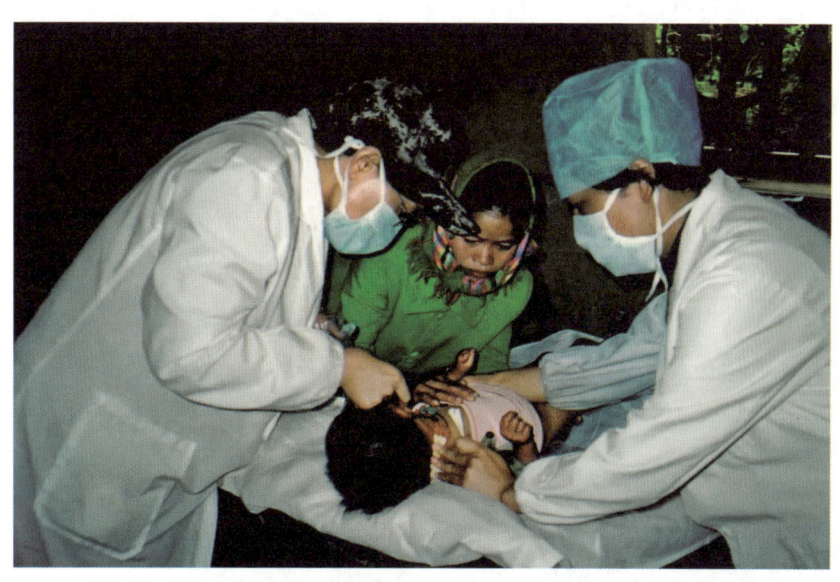
2003年5月,红河州第二人民医院医生到莽人村寨为莽人群众治病

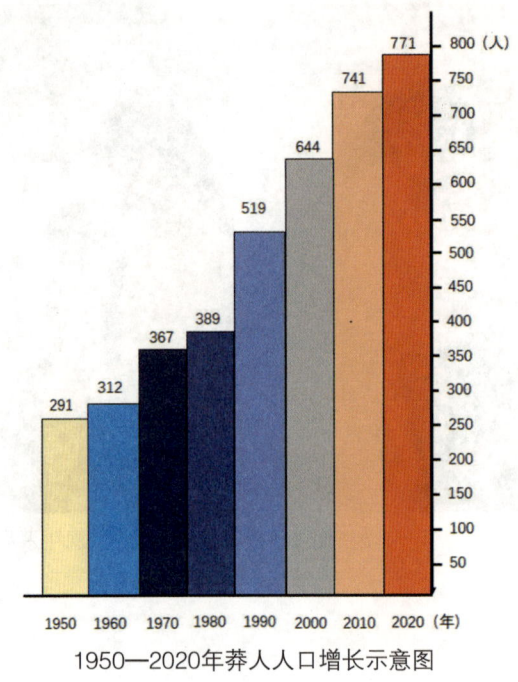

1950—2020年莽人人口增长示意图

上图是莽人1950—2020年的人口增长示意图。在这70年间，有的莽人村寨人口增长，有的莽人村寨人口减少，如南科新寨1980年人口比1970年减少了4户18人，这10年间该村实际上处于人口负增长的状态，但其中的原因并不能简单地归咎于人口出生率减少或死亡率增加，而是有4户人家搬迁到了别处居住；与南科新寨的情况相反，雷公打牛村的莽人居民人口在1980年至1990年的10年间增加了10户61人，其增加的人口正是从其他村寨搬迁来的。21世纪以来，随着莽人聚居区医疗卫生和文化教育条件的改善，莽人的人口增长率得到空前提高，经济收入的增加也促使人们往人口更为集中、资源更好的地方搬迁。人口的自主流动是莽人文化自信有所增加的具体表现，也反映出其不断融入国家政治经济体系的迫切需求。

第三节　现代交通运输替代传统人背马驮

道路与交通运输是一个地区经济社会发展的必要条件，交通不发达，货物运输和人际交流就会受到限制，经济社会便不可能得到正常发展。莽人长期在高山密林之中过着与世隔绝的生活，道路不通，交通运输完全依靠人背马驮，这是新中国成立以前莽人经济社会发展严重滞后的根本原因之一。而新中国成立以后，特别是21世纪初，莽人在短短的几十年间得到迅速发展，赶上甚至超过一些邻近村落，迅速脱贫，与全国人民一起奔向小康，这与党和政府在莽人扶贫的过程中特别重视道路与交通运输的发展息息相关。

一、乡间小路与传统人背马驮

新中国成立前，莽人还在高山密林之中，过着"岩洞当房住、野果当饭吃、树皮当衣穿"的原始生活，他们散居在雷公打牛村、刀家寨、平河上寨、平河中寨、平河下寨、薄乌村、草果坪村、龙树河村、南科村等14个窝棚点，居住点之间连最简陋的乡间小路也没有，彼此之间的交往完全依靠经验和大概方位在原始森林间穿梭。当时的莽人手工艺极不发达，不会纺织，不会制造生产生活工具。如果需要生产生活用品，则将自己狩猎采集获得的野兽、珍贵药材等背到邻近苗族、瑶族和哈尼族村落进行以物易物。雷公打牛村的龙大介绍说："我小的时候，没有衣服和食盐，也不知道钱，和其他民族不敢交往。要吃食盐，就把猎获的野兽肉和编织品背到

坪河中寨通往南科新寨的山道之一

21世纪初，莽人综合扶贫项目修筑的公路。图为平和村与县乡连接的公路

其他民族的村边，放在大路一侧，然后我找个地方躲藏起来。其他民族的人见到物品就知道我们来贸易了，他们就会拿来我们需要的食盐、铁刀、铁锅、旧衣服等物品，放在我们的物品对面，人躲到小树丛里。我们从隐蔽处出来拿走他们的物品之后，他们才来拿我们的物品。"

新中国成立以后，中国共产党特别重视民族团结进步事业。在中共蒙自地委的领导下，金平县委组织以边防驻军为主的民族工作队，进入高山密林之中访贫问苦，向莽人宣传党的民族平等政策，发放粮食、衣物、食盐等。1950年到1960年，金平县委、县政府把原来散居在深山老林里的莽人14个窝棚点合并成南科新寨、坪河中寨、坪河下寨、雷公打牛村4个自然村，帮助他们建盖安居房，教他们开田种地，给他们发放耕牛和生产生活用具等。至此，莽人从原始社会一步跨入社会主义社会，开始过上了稳定的生活。他们不再害怕其他民族，与其他民族有了少量的交往，也会背着一些土特产到最近的集市金平勐拉街赶集换取食盐、布匹、铁器等必要的生产生活用品。由于莽人聚居区路途遥远，山高谷深，连林间小路都没有形成，往返一次勐拉街需要5天的时间，其中往返路途需要4天，每天要走七八个小时的山路，到勐拉街后寄宿熟人家，赶一天的集市后背着换回的物品返回。由于交通不便，直到20世纪80年代，莽人与外界的接触依然十分有限，交通运输完全依靠人背人扛。特别是居住在原始森林深处的坪河下寨，那里不仅山高谷深，而且悬崖陡峭，连骡马空身都走不上去。因此，该村买卖物资全靠人工背运。其他3个村寨虽然也不通公路，但无论是路程，还是方便程度都比坪河下寨好一点。

20世纪90年代以后，改革开放的春风逐渐吹入莽人聚居区，莽人聚居区的山珍野味，特别是优质的草果和珍稀的药材吸引了许多土特产商人。俗话说得好："世上本无路,走的人多,便也有了路。"由于收购草果等土特产的商人经常穿梭于莽人村寨,逐渐形成了一些林间小路,将莽人与外部世界连接起来,逐渐地改变了莽人与世隔绝的生活,他们与邻近的哈尼族、苗族、瑶族等的交往越来越密切。在与其他民族的交往过程中,莽人学会了养牛、养马,并用一部分畜力替代人力,形成了人背马驮的交通运输方式。

二、公路与现代交通运输

新中国成立后,莽人聚居区的交通条件有所改善,特别是1984年12月,新桥到南科的国防公路建成通车后,从坪河中寨和坪河下寨到国防公路南行五队段单程缩短到6个小时。莽人村民从前到勐拉镇赶集,第一天走路到南行五队,第二天坐手扶拖拉机到勐拉镇。公路通车后,去勐拉镇赶集的时间比过去减少了一天,他们也可以

莽人综合扶贫项目修筑的公路——牛场坪村通往乌丫坪村委会的公路

20世纪90年代末,坪河中寨莽人妇女背着东西走在前往南科村委会的山道上。图为坪河中寨通往南科村委会的一段路

21世纪20年代,莽人聚居区不仅通了连接县乡公路,而且田间公路也全部修通。图为平和村边的田间公路

少走两天的山路。但即便是交通条件有所改善,他们种出来的草果、灵香草,野外采集回来的中药材、香菇、木耳等,还是需要人工背到距村寨30多公里的国防公路边,可谓费力费时,运输成本较高。开通公路成为莽人聚居区的迫切需求。早在20世纪90年代,笔者就向当地政府部门提出,莽人聚居区的社会经济要发展,就必须修通村寨与村寨之间相连的道路,以此促进人员、货物和信息的流动。

2008年,莽人综合扶贫项目实施以后,在上级党委、政府和有关部门的帮助下,金平县委、县政府积极做好协调工作和组织领导,开始修建通往莽人村寨的公路。到2019年底,已完成莽人通建制村公路2条105公里,通自然村公路3条26.9公里。此外,还在规划外新建了一条村与村之间的连接公路,总长14.3公里。通建制村公路也由砂石路变成了弹石路。①

值得一提的是,当前莽人聚居区不仅修通了村与村的公路,还修了许多田间公路,不但解决了货物运输的问题,还解决了日常农耕运输的问题。现在的莽人家庭,除了家里没有年轻人的少部分困难家庭以外,家家户户都购置了摩托车、农用三轮车,个别家庭还购买了农用汽车和小轿车。

如今,一条条公路穿梭在莽人山区的崇山峻岭间,实现了3个莽人村寨全部通公路的目标,从此结束了莽人人背马驮的历史。交通运输条件的改善大大缩短了莽人到附近集镇赶集,以及出山活动的时间。他们自己种植的农产品和在山林间采集的山货,可以更有效地运输和销售出去,对外交往和贸易日渐便利,莽人的现金收入也在增加。便利通达的山间公路拉近了莽人与外面世界的距离,可以说,是党和政府为莽人群众铺就了发展之路、富裕之路。

---

① 中共金平苗族瑶族傣族政治县委员会、金平苗族瑶族傣族政治县人民政府编:《太阳下的村庄:金平县莽人综合扶贫工作纪实》,2013年3月(内部印刷),第46页。

牛场坪村莽人部分田中种植甘蔗和其他经济作物

2020年2月,龙凤村的罗云祥家汽车直接开到甘蔗地里运输甘蔗。图为罗云祥等人给车上装甘蔗

21世纪后,莽人村寨街道都有了宽敞的水泥路。图为平和村街道之一

平和村莽人骑摩托车去做农活

牛场坪村罗剑家用农用车拉甘蔗去糖场

龙凤村的罗云祥开着三轮摩托车到田间劳作

第七章

现代村落文明对莽人传统村落的改变

村落的形成与发展，在人类文明发展中具有重要的作用。村落是由家族、亲族和其他家庭集团结合地缘关系结成的生活共同体，也是社会的基本单位。当人类以氏族为共同生活单位时，家族是以大家庭的形式出现的。当数个小家庭从大家庭中分离独居，无数个小家庭固定在一个特定的地缘范围后，便逐渐形成了人类最初的村落。从20世纪80年代后的莽人村落结构看，是家族、亲族、姻亲、同族和多图腾姓氏等组成的村落，到21世纪后，这种家族、亲族、姻亲、同族和多图腾姓氏等组成的村落已逐渐消失。

20世纪90年代初，笔者在坪河中寨采访莽人魔公龙大定居定耕前的村落构建情况

第一节　现代村落格局替代传统村落格局

20世纪80年代以前，莽人村落形式有家族、亲族、姻亲、同族和多图腾姓氏等组成的村落。到20世纪90年代以后，传统的村落构建形式逐渐改变，特别是21世纪初，党和政府加大了对莽人聚居区精准扶贫的力度，为莽人经济发展和集中办学、看病等提供便捷，4个莽人村寨并为3个，并且2个村寨进行易地搬迁等。因此，现代村落格局完全替代了传统村落的格局。

2018年8月，笔者在牛场坪村采访罗开文过去莽人同一个图腾姓氏组成的村落情况

20世纪50年代,陈氏家族在河头寨住址上重建的田房

1996年6月,笔者在龙凤村向民间艺人陈进兴、罗建明、罗继高采访过去莽人同一个家族组成的村落情况

一、同一家族组成的村落和同一姓氏组成的村落

（一）同一家族组成的村落

过去莽人家族组成的村落，是以婚姻和血缘关系结成的社会单位。莽人的家庭，是由夫妻与子女组成的最小的社会生产和生活的共同体。几个家庭或更多的家庭，由家庭与血缘关系构成了家族。莽人家族组成的村落，便是这样发展而成的。家族组成的村落有两种形式：一是由于旧村落人口增多，没有条件开垦更多的耕地满足人口增加后对食物的需求，故几个兄弟或近亲的家庭商量，离开旧村落，到另外一个地方建立新的村落。新村落也会随着人口的不断增加，发展成为一个单一家族组成的村落。二是在村落成员中，对经常偷盗、打架、斗殴或违背村规又屡教不改的人，由村落头领召集全体成员，当众宣布犯错人的"罪行"和处理意见，并经全体成员讨论决定，将违规者逐出村子，让其到别的地方生活。违规人的家人也会一同被逐出，不能在原来的村子里继续生活。随着时间的推移，人口逐渐增长，也演变成为单一家族的村落。

（二）同一亲族组成的村落

过去莽人同一亲族组成的村落，是由亲族和姻亲组成的村落，是在同一家族组成的村落的基础上发展而成的。亲族关系与家族关系各不相同。亲族关系既不光是血缘关系，也不光是姻亲关系，而是两者的结合。按照我国的传统习惯，本人高祖以上的直系为祖宗，旁系及其子孙不同宗。在亲族和姻亲成员杂居于同一地缘之内后，就形成了亲族和姻亲组成的村落。现在莽人的4个村寨，都是亲族和姻亲组成的村落。这种村落的特点是，你与我是亲人，我与他是亲人，他与你是亲人，说起来全村人都是亲人。

（三）同一图腾姓氏组成的村落

过去莽人村落大多数都是由同一图腾姓氏个体家庭组成的。同一图腾姓氏组成的村落有两种：一是同一图腾姓氏不同宗的几个小家庭组成一个村落；二是同一图腾姓氏同一祖宗的几个小家庭组成的一个村落，如布窝寨是同一图腾姓氏组成的村落。

在我国境内的莽人村寨，大多数虽不是同一家族和同一图腾姓氏组成的村落，但他们有共同的语言，有共同的文化，并由此构成了由多家族、多图腾姓氏的同一族群组成的村落。

二、现代莽人村落

2008年初，在党中央、国务院和云南省委、省政府的关怀下，莽人聚居区综合扶贫项目的实施，2009年底莽人综合扶贫项目竣工后，从雷公打牛村易地搬迁到牛场坪，村名为牛场坪村。坪河中寨和坪河下寨易地搬迁到水龙岩，两村合并为平和村。龙凤村是1998年从南科新寨搬迁到联防村边的，该村是就地改造，现在是布朗族（莽人）、苗族、彝族杂居。现在莽人传统村落的格局不是减少，而是全都被现代村落格局所替代。

第二节　现代民居替代传统民居

莽人的住房，是随着社会的发展而发展的。20世纪90年代以前，莽人从洞居到现在的住房，曾经历过洞居、树居（鸟窝棚）、单坡屋顶棚、双坡屋顶棚（狗头棚）、四坡屋顶房（鸡罩棚）、干

易地搬迁前的雷公打牛村全貌

2009年6月,政府落实扶贫政策。图为雷公打牛村易地搬迁后的牛场坪村一角

易地搬迁前的坪河中寨全貌

易地搬迁前的坪河下寨

2009年6月，政府落实扶贫政策。图为坪河中寨和坪河下寨易地搬迁后的平和村一角

第七章 现代村落文明对莽人传统村落的改变

政府扶贫前的龙凤村全貌

2009年6月,政府落实扶贫政策。图为就地建盖的龙凤村一角

栏式楼房（高脚楼）等6种民居形态。21世纪以后，莽人的住房模样和屋内陈设发生了较大的变化。

一、传统民居

（一）洞居

莽人先民，也像其他民族的先民一样，早期是洞居。这是史前时期重要的居住形态。它们是大自然创造的原始空间。虽然并非真正意义上的房屋建筑，但却孕育了真正房屋建筑的胚胎。[①]莽人洞居

20世纪50年代以前，管木村的陈氏祖父居住过的石洞

---

① 蒋高宸编著：《云南民族住屋文化》，云南大学出版社，1997年，第71页。

的记载见于神话和情歌中。据《洪水滔天》记载："……兄妹俩岩洞当住房，树皮当衣穿，野果当饭吃"，《相会歌》记载："男：阿妹呀——我是个穷汉，岩洞当房住，树皮当衣穿。女：阿哥哟——我也是穷女，你来到我家，莫说贫穷事，你看我家房，还不如岩洞"①。从以上的记载看，洞居中的洞指的是天然山洞，不是人工开掘的山洞。当时人们还不会修筑自己的栖身之屋，而是像有的动物一样，居于山洞之中。随着时代的演进，人的居住要求不断提高，作为居所的山洞的缺陷日益凸显，从而使其价值逐渐降低。据雷公打牛村的龙大说："我小的时候，和父亲去过一次罗小大家，当时他家住在布窝山上的一个大石洞口。那时我才十多岁，在我的印象中，他们家住的洞口用小木棍和小竹围栏，洞外还种着玉米。后来，我们出林定居前，他们全家就搬到越南巴登村去了。"②笔者认为罗小大家住山洞是因生活困难建不起房，并不是不知道建房。因此，古代洞居与近代洞居完全不一样。

（二）树居（鸟窝棚）

莽人是1950年才出林定居定耕的，在此之前，他们的耕地都在原始森林里，每年地里的农作物出苗时，麂子、马鹿、兔子等动物就来吃苗和糟蹋地；庄稼快成熟的时候，猴子、野猪、熊等动物就来吃庄稼。为保护地里的庄稼，莽人就在地边的大树杈上搭建一棚子，当地人称为"鸟窝棚"。白天动物来吃庄稼时，人坐在鸟窝棚里用弓箭和火药枪来射野兽。如动物要袭击人，它也爬不上树。这种鸟窝棚比地面上建的看守棚安全得多。鸟窝棚是莽人在一定的历史时期内的主要住所，现在莽人聚居区仍可见到此类鸟窝棚，但平常不住人，只是守地和狩猎时住。

---

① 杨六金：《云南与中南半岛民族研究》，远方出版社，2002年，第23、24页。
② 记录于1993年，雷公打牛村。

20世纪90年代初，坪河中寨陈云家地边的鸟窝棚

（三）单坡屋顶棚和双坡屋顶棚（狗头棚）

单坡屋顶棚，是莽人的一种古老住房。这种单坡屋顶棚比干栏式楼房简陋。1980年后，有少数人家因生活困难，盖不起干栏式楼房，还住着单坡屋顶棚。到20世纪90年代中期，莽人村里就没有单坡屋顶棚了，但野外的地里和牧山上，还能看到这种住所。单坡屋顶棚的特点是结构简单，选择垂直或接近垂直的田埂、岩石作为山墙，把树干的一端靠在山墙上，另一端则斜插入土中，构成一面斜坡，既是屋顶又是墙，上面覆盖树皮、芭蕉叶、竹叶、茅草等，用来遮蔽风雨。由于这种简陋的"住房"取材和建造都容易，在生产力低下的过去，是莽人居住的主要住房。

双坡屋顶棚（狗头棚），是在单坡屋顶棚的基础上改造而成的一种竹木结构住房。其结构比干栏式楼房简单，建造方便。房屋的四面用竹木围墙，在两堵山墙的中央各插一棵粗大的在4—5米高

20世纪90年代初,坪河下寨罗小大家旱地边的单坡屋顶棚

20世纪90年代中期,南科新寨罗老大临时搭建的双坡屋顶棚(狗头棚)

处有树杈的树干做柱子,把脊檩大梁的两端搭在两边的树杈上,椽子的上端搭在脊檩大梁上,椽子下端搭在横梁上,屋顶的两面斜坡铺茅草或芭蕉叶。这种双坡屋顶棚矮小无楼,人住在地上。因此,当地人称之为"地板房"。这种住房只有屋顶而无墙体,或者说它的围护结构尚未出现屋顶和墙体分化。墙体亦是屋顶,屋顶亦是墙体。1999年笔者做调查时住在坪河下寨龙三家,他家的房子就是这种棚子。

(四)四坡屋顶房(鸡罩棚)

莽人的四坡屋顶房是在双坡屋顶棚的基础上改造而成的一种竹木结构的住房。四坡屋顶房用茅草和竹叶铺盖,屋顶下四周用竹片和木板围栏作为墙。屋顶两边呈弧形,檐口较矮,距地面1米左右,进出门时得弯下腰。远处看去,只见屋顶而不见墙体,酷似农家罩

20世纪90年代末,坪河中寨龙四雄家建盖的四坡屋顶房(鸡罩棚)

养雏鸡的罩子，这就是"鸡罩棚"住屋的最大特色。①

（五）干栏式楼房

干栏式楼房是在"地板房"的基础上改造而成的。这种建筑物的出现和当地的气候、环境有直接关系。莽人的干栏式楼房是竹木结构，茅草屋顶，有上下两层，四周用竹片和小细柴作围栏。长十三四米，宽约10米。建房的大小，根据人口的多少而定。每栋房子有两道门，门是从两边山墙开，前门开左边，后门开右边。后门专为背水、拿菜、生育以及出殡和不吉利的生死等出入使用。楼下堆放杂物和养禽畜，楼上住人。楼上的右侧隔成数间小室，从正门算起，长者夫妇住第一间，其他按顺序排列。

20世纪90年代中期，龙凤村刀正华家建盖的干栏式楼房

① 蒋高宸编著：《云南民族住屋文化》，云南大学出版社，1997年，第322页。

莽人易地搬迁前的雷公打村罗光明家住房

2009年6月，莽人综合扶贫项目易地搬迁后的牛场坪村罗光明家新房

莽人易地搬迁前的陈大妹家住房

2009年6月,莽人综合扶贫项目易地搬迁后的牛场坪村陈大妹家新房

二、现代民居——小洋楼

2008年莽人安居工程规划实施,雷公打牛村整村易地搬迁至牛场坪安置点——牛场坪村,坪河中寨、坪河下寨整村易地搬迁至水龙岩安置点——平和村,龙凤村就地安置改造。通过一年多时间的努力施工,在3个安置点共建成168幢安居房,每户一幢,户均建筑面积122.4平方米,统一配备了木床、被褥、炊具等生活用品,集中建设了牛马圈舍,莽人的居住条件得到彻底改善,现在一幢幢崭新的"小洋楼"坐落在莽人山寨中。①

第三节 现代村落组织替代传统村落组织

一、传统村落组织

古代乡村民间组织,主要通过族长、家法族规和乡约规则进行治理。从莽人的传统村落组织看,主要是以族长为主的村落组织。20世纪50年代以前,莽人心目中是没有什么政治疆域概念的,只有自己的村落组织和家庭。莽人在广阔的林区里按自己的血缘和刀耕火种的特点建立"米"。

"米"是莽人最基层的社会组织。小者四五户,大者十多户。一个"米"内有三四个氏族(坪河中寨的10户莽人为:孟浪5户、度旺木2户、度旺伦3户,这是一个由3个姓氏组成的"米"),每个"米"的头领由本氏族中的长老或兄长担任,如有2个以上的长老或

---

① 中共金平苗族瑶族傣族自治县委员会、金平苗族瑶族傣族自治县人民政府编:《太阳下的村庄:金平县莽人综合扶贫工作纪实》(内部印刷),2013年3月,第66页。

20世纪90年代初期,笔者在雷公打牛村采访莽人魔公龙大传统村落组织情况

兄长,就由年龄最大、威望最高的那位担任。有关公共性的活动,由氏族的长老或兄长共同商量决定,如一年的生产计划、修建房屋、婚丧喜事、逢年过节等,都要集体讨论决定,然后通知各氏族成员,以便做好准备。建房首先要通知各氏族成员准备木料和茅草等,主人家则拿酒肉招待,以示酬谢;结婚也要事先通知各氏族成员,氏族内以家庭为单位准备好酒去参加婚礼;丧葬也同样要事先通知各氏族成员,氏族内以家庭为单位备好丧礼去送葬。

莽人的生产和生活,直到现在都还带有一些原始共产主义的味道,有粮共饱,无粮共饥。如氏族内部或与外部之间发生纠纷以及有偷盗行为的,由氏族的长老和"米"的头领来裁决和惩罚①,在莽

---

① 1990年,南科新寨陈进兴之父陈大讲述。

人社会中"米"相当于现在的村落组织。到20世纪60年代后,莽人社会里的"米"就不存在了,全部被现代村落组织所替代。

二、现代村落组织

20世纪60年初期,莽人出林定居定耕后,党和政府为了管理好莽人村落,在莽人群众中挑选了3名有威望、工作积极的成年男子任村干部——1名任生产队队长、2名任生产队副队长,负责向村民宣传贯彻党的方针、政策和国家的法律、法规;同时带领村民发展农业生产和经济。从此以后,莽人村落与其他邻近民族村落一样,有了完整的村落组织。

党的十七届四中全会指出要全面推进农村基层党组织建设,优化组织设置,创新活动方式,充分发挥基层党组织推动发展、服务群众、凝聚人心、促进和谐的作用。……把农村党支部建在村民小组上,能实现党建工作重心下移,可以形成"支部建在一线、党员干在一线、作用发挥在一线"的基层党建工作新格局,提高党组织的战斗力和凝聚力,提高党员的代表性和先进性,增强党组织和党员在群众心目中的感召力、影响力和示范表率作用,有效地推进新农村建设。党的十七届四中全会后,每个莽人村寨都配有村民小组领导班子,每个村民小组配备村民小组党支部。对村民小组领导班子的称呼在不同年代是不一样的,如合作社长、生产队长、村民小组长等。

(一)牛场坪村民小组和村民小组党支部

现任牛场坪村民小组领导班子共3人,罗剑为村民小组长,另外2人任村民小组副组长。

牛场坪村民小组党支部有支部书记、副书记、委员共3人,陈海

21世纪20年代，牛场坪村民小组党支部和村民小组领导班子成员及部分村民积极分子

林为村民小组党支部书记，罗开文为村民小组党支部副书记、村民小组长，罗剑兼支部委员。①

（二）平和村民小组和村民小组党支部

平和村民小组领导班子成员有3人，龙有明为村民小组长，另外2人任村民小组副组长。

平和村民小组党支部有支部书记、副书记、委员共3人，陈忠明为村民小组党支部书记，龙有明任村民小组党支部副书记。②

（三）龙凤村民小组和村民小组党支部

龙凤村民小组领导班子成员有3人，罗云祥为村民小组长，罗云华和余高为村民小组副组长。

龙凤村民小组党支部有支部书记、副书记、委员5人，其中陈小

---

① 2020年2月1日，牛场坪村民小组长罗剑提供。
② 2020年3月5日，平和村民小组长龙有明提供。

21世纪20年代，平和村民小组党支部和村民小组领导班子成员及部分村民积极分子

21世纪20年代，龙凤村民小组党支部和村民小组领导班子成员

华为村民小组党支部书记,罗云祥为村民小组党支部副书记,刀正华为村民小组党支部委员兼村民小组组织委员,罗玉清任村民小组党支部委员兼纪律委员和村民小组妇女组长,陈小中任村民小组党支部委员兼宣传委员。①这里说明一点,龙凤村与其他两个莽人村寨有所不同,龙凤村是布朗族(莽人)、苗族、彝族杂居的村寨,而无论是户数、人口都比其他两个莽人村寨多,所以配村民小组党支部委员也比其他两个村子多。

从20世纪60年代初村里配备了村民领导班子后,到21世纪初开始,每个莽人村寨都配备了村民小组党支部。现在的莽村不仅有村民小组领导班子,还有了村民小组党支部。过去原始落后的村落"米"组织不复存在了,取而代之的是村民小组党支部和村民小组。

第四节 现代村规民约替代传统民间村规

一、民间村规民约

莽人传统民间村规民约淳朴而厚重,具有浓郁的民间色彩与深厚的历史积淀。过去莽人村落是以血缘和家庭关系结成的生活共同体。为了维护同一地缘个体家庭和村落成员之间的团结和睦,他们制定了一套村规民约。这种村规民约是村落成员反复讨论形成的。它对每个村民都有较强的约束力,在维护村落个体家庭的私有财产、保护村落的安全稳定、建立公共道德和选择配偶等方面有独特

---

① 2020年2月1日,龙凤村民小组党支部书记陈小华和村民小组长罗云祥提供。

的作用。它对斗殴、偷盗、婚姻纠纷等的处理也有详细的规定，并用木刻、破柴或结绳形式加以记载，且向全体村民反复宣传，提醒大家不要违犯。对犯错误且多次教育不改的人，经村民成员讨论决定，小错者罚款，大错者严惩，旧时甚至可处死。因此，在莽人村寨中，每个村民都自觉遵守村规民约，很少有偷盗现象。

莽人村民的集体意识不是凭空产生的，而是在长期的社会生活中形成的。

一个村落社会也像一个家庭一样，有对内、对外两种职能。在对外职能方面，相邻村落之间的相处首先要划定每个村落的土地、山林、水源等界线。在对内职能方面，村落组织负有保护每个家庭和村落的土地、山林、水源等的责任，如果有人侵犯了个人和村落的利益，受害者或知情者可以告诉村落组织，必要时，全村落成员会出面干涉。上述村民的集体意识，一方面是积极的，一方面又是消极的。积极的方面，是村民们齐心合力保护本村落的资源和利益；消极的方面，是村落之间容易发生械斗，它不仅破坏生产和生活，还加深村落之间的矛盾，影响彼此之间正常的经济文化交流。[①]

莽人的村落，是由数个个体家庭组成的，但作为一个地缘关系的共同体，彼此之间有着密切的联系。生产和生活方面，都要共同商量，这样才能保证村落的发展和兴旺。

互助互爱是莽人的传统习惯。在他们的生产和生活中，总会遇到一些大事，有些事是个体家庭成员无力解决的。如盖房子、丧葬等，都需村落成员互相帮助。每遇这类事，村民们都会主动帮助。在强调加强社会主义精神文明建设的今天，这种邻里之间的互帮互助，对弘扬各民族的传统美德，并使之代代相传，具有重要的现实

---

① 1990年，南科新寨陈大讲述。

意义和深远的历史意义。从社会发展的角度来看，优秀的民族文化传统，应该继承和发扬，但那些阻碍社会生产力发展的落后旧习，需要革除。

二、现代村规民约

我国改革开放以后，随着人民公社的解体及党中央对农村基层自治的提倡与重视，传统村规民约才得以重新发展，并获得现代乡村社会语境下的新名称——村规民约。在1982年颁布实施的《中华人民共和国宪法》中正式规定，农村按居民居住地区设立的村民委员会是基层群众性自治组织。1987年我国在新制定通过的《村民委员会组织法（试行）》中首次以法律形式对村规民约作出明确规定，要求村规民约由村民会议讨论制定并报乡镇政府备案；由村委会监督执行，并不得与宪法及法律法规相抵触。现在，在乡镇政府的指导和村委会的监督下，3个莽人村寨结合本村实际，多次召开群众会议，讨论制定了各村寨的村规民约。

（一）牛场坪村村规民约

一、全体村民要拥护党的领导，听党话，跟党走，感党恩。

二、每个村民都要学法、知法、守法，要维护国家和集体利益，维护民族团结，响应国家号召。

三、全体村民要自觉维护社会治安，不涉黄、不赌博、不吸毒、不偷盗、不搞封建迷信、不传播邪教、不造谣惑众、不拨弄是非、不打架斗殴、喝酒不乱事、不寻衅滋事。

四、村里的事在村里解决，疑难纠纷上报镇党委、政府处理。不得非法上访、缠访、越级上访。

五、积极参加村上组织的实用技术培训，掌握致富本领，不得游手好闲，好吃懒做。

六、爱护公私物，破坏公物的，除照价赔偿外，追究相关责任。

七、保护森林，不乱砍滥伐。未经批准不得野外用火，发现火情要赶快报告。

八、严格执行"门前三包"。不能乱堆乱倒垃圾和杂物，每个星期至少安排打扫公共卫生一次，每户人家至少派出一个人参加。

九、不支持脱贫攻坚工作、影响脱贫出列的，不得参加村内活动，不得享受相关政策。

十、家庭和睦，夫妻要共同承担家务劳动和管理家庭财产，不允许家庭暴力。

十一、父母要抚养、教育未成年子女，不能重男轻女，每个家庭有义务保证其子女完成义务教育，子女未完成义务教育的，按义务教育法执行。子女要赡养老人，不能歧视、虐待老人。

十二、自觉遵守计划生育法律、法规、政策，提倡优生优育，严禁早婚早育，严禁超生。

十三、红白事从简节约，反对大操大办。请客要先和本村红白理事会说，婚事宴请总人数控制在200人（20桌）以内，丧事从简操办。每桌菜品不超过12个，其中荤菜不超过总数的一半，每桌费用控制在200元以内，每桌烟酒支出不超过60元，随礼不超过100元。不按要求操办的，红白理事会不提供服务，不准使用公共设施。庆生祝寿、升学入伍、就业退休、建房乔迁等事由不得请客。

十四、红白事有送猪脚习俗的，总数不得超过3个猪脚。

十五、《村规民约》经村民会议通过，全体村民须共同遵守。违反的，在全村张榜曝光，并报上级党组织通报批评，限期整改，不整改者不得参加村内活动，不得享受相关惠民政策，家中有事全村不帮。

牛场坪村民小组村规民约

一、全体村民要拥护党的领导，听党话，跟党走，感党恩。

二、每个村民都要学法、知法、守法，要维护国家和集体利益，维护民族团结，响应国家号召。

三、全体村民要自觉维护社会治安，不涉黄、不赌博、不吸毒、不偷盗、不搞封建迷信、不传播邪教、不造谣惑众、不拨弄是非、不打架斗殴、喝酒不乱事、不寻衅滋事。

四、村里的事在村里解决，疑难纠纷上报镇党委、政府处理。不得非法上访、缠访、越级上访。

五、积极参加村上组织的实用技术培训，掌握致富本领，不得游手好闲，好吃懒做。

六、爱护公私物，破坏公物的，除照价赔偿外，追究相关责任。

七、保护森林，不乱砍乱伐。未经批准不得野外用火，发现火情要赶快报告。

八、严格执行"门前三包"。不能乱堆乱倒垃圾和杂物，每个星期至少安排打扫公共卫生一次，每户人家至少派出一个人参加。

九、不支持脱贫攻坚工作，影响脱贫出列的，不得参加村内活动，不得享受相关政策。

十、家庭和睦，夫妻要共同承担家务劳动和管理家庭财产，不允许家庭暴力。

十一、父母要抚养、教育未成年子女，不能重男轻女。每个家庭有义务保证其子女完成义务教育，子女未完成义务教育的，按义务教育法执行。子女要赡养老人，不能歧视、虐待老人。

十二、自觉遵守生育法律、法规、政策，提倡优生优育，严禁早婚早育，严禁超生。

十三、红白事从简节约，反对大操大办。请客要先和本村红白理事会说，婚事宴请总人数控制在200人（20桌）以内，丧事从简操办。每桌菜品不超过12个，其中荤菜不超过总数的一半，每桌费用控制在200元以内，每桌烟酒支出不超过60元，随礼不超过100元。不按要求操办的，红白理事会不提供服务，不给使用公共设施。庆生祝寿、升学入伍、就业退休、建房乔迁等事由不得请客。

十四、红白事有送猪脚习俗的，总数不得超过3个猪腿。

十五、《村规民约》经村民会议通过，全体村民须共同遵守。违反的，在全村张榜曝光，并报上级党组织通报批评，限期整改，不整改者不得参加村内活动，不得享受相关惠民政策，家中有事全村不帮。

革陋习　树新风　创文明　促和谐

扫黑除恶　　精准扶贫　　控辍保学　　婚事简办　　人居环境

21世纪20年代初，在牛场坪村支部活动室悬挂的《牛场坪村民小组村规民约》

牛场坪村民小组红白理事会管理章程

第一章 总则

第一条 为了促进本村"治陋习、树新风"倡导勤俭节约、文明高尚的生活方式,特制定本章程。

第二条 红白理事会是在村党组织领导下的村民自治组织,实行自我管理、自我教育、自我服务。

第三条 红白理事会的基本任务是办理本村婚丧事宜,坚持婚事新办,丧事简办,反对大操大办,铺张浪费;反对在婚丧嫁娶事宜中搞封建迷信活动。

第二章 组织机构

第四条 "理事会"由村民会议选举产生,理事会会长由**罗剑**担任,副会长由**陈胜**担任,理事会成员由**陈小军、罗文春、罗开文、陈二、陈海林**组成。

第三章 分则

第五条 理事会成员要经常组织村民学习党的方针、政策,认真贯彻党委政府在婚丧嫁娶方面的规定,号召村民"除陋习、树新风",引导村民移风易俗,彻底改变大操大办、铺张浪费的旧风气,切实减轻群众负担。

第六条 举行婚礼要主动到村理事会报告,理事会要全程参与婚事操办,对其婚礼规模、范围、婚宴桌数要予以审办。

第七条 村民谢世后,逝者家属通知理事会,理事会要主动上门协助其申办、操办,丧事操办时间不超过3天。丧事操办禁止在大街上撒路钱、点鬼火,不得在公共场所搭建灵棚、停放遗体、妨碍公共秩序,危害公共安全,不得侵害他人的合法利益。

第八条 村民不按照规定执行的,村民委员会、理事会将予以劝阻或处罚,并在村民大会上给予通报批评。

第九条 理事会实行理事会会长负责制,由理事会会长及成员征求事主意见并依据本规定组织实施。

第十条 理事会要认真贯彻执行党委和政府的各项政策及有关规定,坚持原则,不徇私情。理事会成员不能受婚丧事主赠送的钱物,不在婚丧事主家中大吃大喝。对婚丧事主一视同仁,不搞优亲厚友。

第十一条 本章程属于村民自治管理条例,若与国家法律相悖,以国家法律为准。

革陋习 树新风 创文明 促和谐

● 移风易俗　　● 革除陋习　　● 治理酒席风　　● 禁止铺张浪费　　● 严禁大操大办

21世纪20年代初,在牛场坪村支部活动室悬挂的《牛场坪村民小组红白理事会管理章程》

（二）平和村村规民约

一、全体村民要拥护党的领导，听党话，跟党走，感党恩。

二、每个村民都要学法、知法、守法，要维护国家和集体利益，维护民族团结，响应国家号召。

三、全体村民要自觉维护社会治安，不涉黄、不赌博、不吸毒、不偷盗、不搞封建迷信、不传播邪教、不造谣惑众、不拨弄是非、不打架斗殴、喝酒不乱事、不寻衅滋事。

四、村里的事在村里解决，疑难纠纷上报镇党委、政府处理。不得非法上访、缠访、越级上访。

五、积极参加村上组织的实用技术培训，掌握致富本领，不得游手好闲，好吃懒做。

六、爱护公私物，破坏公物的，除照价赔偿外，追究相关责任。

七、保护森林，不乱砍滥伐。未经批准不得野外用火，发现火情要赶快报告。

八、严格执行"门前三包"。不能乱堆乱倒垃圾和杂物，每个星期至少安排打扫公共卫生一次，每户人家至少派出一个人参加。

九、不支持脱贫攻坚工作、影响脱贫出列的，不得参加村内活动，不得享受相关政策。

十、家庭和睦，夫妻要共同承担家务劳动和管理家庭财产，不允许家庭暴力。

十一、父母要抚养、教育未成年子女，不能重男轻女，每个家庭有义务保证其子女完成义务教育，子女未完成义务教育的，按义务教育法执行。子女要赡养老人，不能歧视、虐待老人。

十二、自觉遵守计划生育法律、法规、政策，提倡优生优育，严禁早婚早育，严禁超生。

百年巨变

布朗族莽人社会变迁

平和村民小组村规民约

一、全体村民要拥护党的领导，听党话、跟党走、感党恩。

二、每个村民都要学法、知法、守法，要维护国家和集体利益，维护民族团结，响应国家号召。

三、全体村民要自觉维护社会治安，不涉黄、不赌博、不吸毒、不偷盗、不搞封建迷信、不传播邪教，不造谣惑众，不拨弄是非，不打架斗殴、喝酒不乱事、不寻衅滋事。

四、村里的事在村里解决，疑难纠纷上报镇党委、政府处理。不得非法上访、缠访，越级上访。

五、积极参加村上组织的实用技术培训，掌握致富本领，不得游手好闲，好吃懒做。

六、爱护公私物，破坏公物的，除照价赔偿外，追究相关责任。

七、保护森林，不乱砍乱伐。未经批准不得野外用火，发现火情要赶快报告。

八、严格执行"门前三包"。不能乱堆乱倒垃圾和杂物，每个星期至少安排打扫公共卫生一次，每户人家至少派出一个人参加。

九、不支持脱贫攻坚工作，影响脱贫出列的，不得参加村内活动，不得享受相关政策。

十、家庭和睦，夫妻要共同承担家务劳动和管理家庭财产，不允许家庭暴力。

十一、父母要抚养、教育未成年子女，不能重男轻女。每个家庭有义务保证其子女完成义务教育，子女未完成义务教育的，按义务教育法执行。子女要赡养老人，不能歧视、虐待老人。

十二、自觉遵守生育法律、法规、政策，提倡优生优育，严禁早婚早育，严禁超生。

十三、红白事从简节约，反对大操大办。请客要先和本村红白理事会说，婚事宴请总人数控制在200人（20桌）以内，丧事从简操办。每桌菜品不超过12个，其中荤菜不超过总数的一半，每桌费用控制在200元以内，每桌烟酒支出不超过60元，随礼不超过100元。不按要求操办的，红白理事会不提供服务，不给使用公共设施。庆生祝寿、升学入伍、就业退休、建房乔迁等事由不得请客。

十四、红白事有送猪脚习俗的，总数不得超过3个猪腿。

十五、《村规民约》经村民会议通过，全体村民须共同遵守。违反的，在全村张榜曝光，并报上级党组织通报批评，限期整改，不整改者不得参加村内活动，不得享受相关惠民政策，家中有事全村不帮。

21世纪20年代初，在平和村支部活动室悬挂的《平和村民小组村规民约》

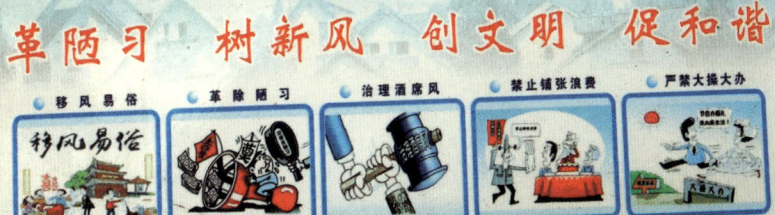

21世纪20年代初，在平和村支部活动室悬挂的《平和村民小组红白理事会管理章程》

十三、红白事从简节约，反对大操大办。请客要先和本村红白理事会说，婚事宴请总人数控制在200人（20桌）以内，丧事从简操办。每桌菜品不超过12个，其中荤菜不超过总数的一半，每桌费用控制在200元以内，每桌烟酒支出不超过60元，随礼不超过100元。不按要求操办的，红白理事会不提供服务，不给使用公共设施。庆生祝寿、升学入伍、就业退休、建房乔迁等事由不得请客。

十四、红白事有送猪脚习俗的，总数不得超过3个猪脚。

十五、《村规民约》经村民会议通过，全体村民须共同遵守。违反的，在全村张榜曝光，并报上级党组织通报批评，限期整改，不整改者不得参加村内活动，不得享受相关惠民政策，家中有事全村不帮。

（三）龙凤村村规民约

一、全体村民要拥护党的领导，听党话，跟党走，感党恩。

二、每个村民都要学法、知法、守法，要维护国家和集体利益，维护民族团结，响应国家号召。

三、全体村民要自觉维护社会治安，不涉黄、不赌博、不吸毒、不偷盗、不搞封建迷信、不传播邪教、不造谣惑众、不拨弄是非、不打架斗殴、喝酒不乱事、不寻衅滋事。

四、村里的事在村里解决，疑难纠纷上报镇党委、政府处理。不得非法上访、缠访、越级上访。

五、积极参加村上组织的实用技术培训，掌握致富本领，不得游手好闲，好吃懒做。

六、爱护公私物，破坏公物的，除照价赔偿外，追究相关责任。

七、保护森林，不乱砍滥伐。未经批准不得野外用火，发现火情要赶快报告。

八、严格执行"门前三包"。不能乱堆乱倒垃圾和杂物，每个

21世纪20年代初,在龙凤村支部活动室悬挂的《龙凤村民小组村规民约》

龙凤村民小组红白理事会管理章程

第一章 总 则

第一条 为了促进本村"治陋习、树新风"倡导勤俭节约、文明高尚的生活方式,特制定本章程。

第二条 红白理事会是在村党组织领导下的村民自治组织,实行自我管理、自我教育、自我服务。

第三条 红白理事会的基本任务是办理本村婚丧事宜,坚持婚事新办,丧事简办,反对大操大办,铺张浪费;反对在婚丧嫁娶事宜中搞封建迷信活动。

第二章 组织机构

第四条 "理事会"由村民会议选举产生,理事会会长由**罗进才**担任,理事会成员由**陈继光、余高、罗云祥、盘仕忠**组成。

第三章 分 则

第五条 理事会成员要经常组织村民学习党的方针、政策,认真贯彻党委政府在婚丧嫁娶方面的规定,号召村民"除陋习、树新风",引导村民移风易俗,彻底改变大操大办、铺张浪费的旧风气,切实减轻群众负担。

第六条 举行婚礼要主动到村理事会报告,理事会要全程参与婚事操办,对其婚礼规模、范围、婚宴桌数要予以审办。

第七条 村民谢世后,逝者家属通知理事会,理事会要主动上门协助其申办、操办,丧事操办时间不超过3天。丧事操办禁止在大街上撒路钱、点鬼火,不得在公共场所搭建灵棚、停放遗体、妨碍公共秩序,危害公共安全,不得侵害他人的合法利益。

第八条 村民不按照规定执行的,村民委员会、理事会将予以劝阻或处罚,并在村民大会上给予通报批评。

第九条 理事会实行理事会会长负责制,由理事会会长及成员征求事主意见并依据本规定组织实施。

第十条 理事会要认真贯彻执行党委和政府的各项政策及有关规定,坚持原则,不徇私情。理事会成员不能收受婚丧事主赠送的钱物,不在婚丧事主家中吃大喝。对婚丧事主一视同仁,不搞优亲厚友。

第十一条 本章程属于村民自治管理条例,若与国家法律相悖,以国家法律为准。

革陋习 树新风 创文明 促和谐

21世纪20年代初,在龙凤村支部活动室悬挂的《龙凤村民小组红白理事会管理章程》

星期至少安排打扫公共卫生一次,每户人家至少派出一个人参加。

九、不支持脱贫攻坚工作、影响脱贫出列的,不得参加村内活动,不得享受相关政策。

十、家庭和睦,夫妻要共同承担家务劳动和管理家庭财产,不允许家庭暴力。

十一、父母要抚养、教育未成年子女,不能重男轻女,每个家庭有义务保证其子女完成义务教育,子女未完成义务教育的,按义务教育法执行。子女要赡养老人,不能歧视、虐待老人。

十二、自觉遵守计划生育法律、法规、政策,提倡优生优育,严禁早婚早育,严禁超生。

十三、红白事从简节约,反对大操大办。请客要先和本村红白理事会说,婚事宴请总人数控制在200人(20桌)以内,丧事从简操办。每桌菜品不超过12个,其中荤菜不超过总数的一半,每桌费用控制在200元以内,每桌烟酒支出不超过60元,随礼不超过100元。不按要求操办的,红白理事会不提供服务,不给使用公共设施。庆生祝寿、升学入伍、就业退休、建房乔迁等事由不得请客。

十四、红白事有送猪脚习俗的,总数不得超过3个猪脚。

十五、《村规民约》经村民会议通过,全体村民须共同遵守。违反的,在全村张榜曝光,并报上级党组织通报批评,限期整改,不整改者不得参加村内活动,不得享受相关惠民政策,家中有事全村不帮。

在现代村规民约下,莽人还依然保持着互助互爱的习惯。如,有村民生重病住院回来后,村里规定村民每户帮助50元。从现在帮助的情况看,多数人家都给100元以上,少数人家会给三四百元不等。对村里的"五保户",村干部和党员会定期不定期地去看望,帮助"五保户"打扫卫生等;如遇到"五保户"生病,要轮流看望照顾;"五保户"缺粮时,一方面向上级有关部门反映,一方面村干部和党员会拿出自家的粮食送去。对村民家的葬礼,现在村里规定村民每户人家要帮助丧家50元,从帮助的情况看,多数人家都给100元以上,少数人家会给两三百元不等,有些村民还会给几斤酒。对村民家的婚礼,现在村里规定,村民每户人家都要帮助婚家50元、一只鸡,从帮助的情况看,多数人家都给100元以上,少数人家会给三四百元不等,有些村民还会给几斤酒和大米。

从上述3个莽人村的村规民约可以看出:一是现代村规民约作为公约的一种形式,是自治性规范,体现了村民自我约束、自我管理、自我教育;3个莽人村在制定村规民约的时候,都参考了镇政府发放的样本标准,在形式、结构、内容方面都统一、规范。二是莽人村现代村规民约较为详细地规定了坚持党的领导、遵纪守法、维护团结、维护治安、推进移风易俗、调解矛盾纠纷、解决矛盾渠道、勤劳致富、爱护财物、保护环境、预防消防安全、讲究卫生、引导自我管理、尊老爱幼、计划生育、勤俭节约、形成处罚约束等内容。三是莽人村现代村规民约体现了巩固组织权威、深化村民自治、推进法治建设、提升乡村德治、巩固乡村平安建设的有机结合,有助于在莽人村寨有效实施乡村振兴。

第八章

当代莽人社会生活的巨变

习近平总书记在中央民族工作会议上指出，"做好民族工作关键在党"，党的坚强领导是推进民族团结进步事业成功的根本保证。进入21世纪，党中央高度重视民族发展，出台了一系列加快少数民族地区发展的政策措施，有力地推动了各民族的跨越式发展，使其社会经济生活发生了翻天覆地的变化，呈现出经济发展、民族团结、人民幸福、边防巩固、睦邻友好的喜人局面。莽人的社会生活也因此发生巨变。

第一节　党中央、国务院给予莽人特殊扶贫政策

进入21世纪，党和国家制定《"十三五"促进民族地区和人口较少民族发展规划》，实施了加快人口较少民族经济社会全面发展的专门政策，集聚中央和地方之力推动22个人口较少民族发展经济社会。莽人是我国少数民族中人口最少、生活最为贫困的一个小

2008年4月25日，在牛场坪村举行"金平莽人综合扶贫项目开工仪式"

群体,其极度困难的生产生活问题引起了党中央、国务院的高度重视。2008年1月26日,中共中央总书记、国家主席胡锦涛同志在中办秘书局《每日汇报》中刊登的《云南莽人和克木人目前生存,发展中面临的问题》上作了重要批示:"请云南省委、省政府研究提出扶助措施,帮助其尽快摆脱贫困。"国务院总理温家宝同志在国务院办公厅秘书一局《专报信息》(109期)的《国家民委反映云南莽人、克木人生产生活较为困难》上作重要批示:"请扶贫办商同云南省政府和有关部门提出政策措施,下决心解决莽人、克木人生产生活问题。"党和国家领导人在同一天在帮扶莽人和克木人问题上作出了两个重要批示,既充分体现了党和国家维护民族团结进步、共同繁荣发展的责任担当,又充分体现了党和国家对莽人和克木人关怀爱护,以及竭尽全力帮助莽人和克木人摆脱贫困、共同富裕的坚强决心。国家民委、扶贫办和云南省委、省政府认真学习胡锦涛总书记和温家宝总理的重要批示精神,组织人员到莽人村寨实地调研莽人生产生活情况,研究扶助莽人的有关工作,制定了扶持莽人发展规划,政策力度之大、投入资金之多、工作措施之严,在莽人发展史上是前所未有的,全面推动莽人聚居区经济社会又好又快地发展。

21世纪之初,云南做出了"现代化进程中决不让一个兄弟民族掉队,决不让一个民族地区落伍"的庄严承诺。2008年1月28日,省委、省政府主要领导分别作出批示,决心在最短的时间内,以最有力的措施帮助莽人和克木人摆脱贫困,同时派出省政府慰问调研组深入莽人村寨,传达党中央、国务院对莽人群众的关怀和慰问。在实地调研的基础上,省委、省政府组建了工作领导小组,形成了职责清晰、责任明确、齐抓共管的领导体制和工作机制。专门召开省莽人发展协调领导小组会议,制定了《云南省人民政府关于扶持莽

2008年4月28日,州县有关领导在金平县城召开"金平县扶持莽人发展动员会议"

2008年5月25日,在金平县召开"金平县莽人综合扶贫项目工作会"

人、克木人发展的实施意见》，向莽人聚居区投入建设资金7758.56万元，其中中央4405.29万元、省级2555.27万元、州自筹198万元、上海市帮扶600万元，用于基础设施、安居、卫生、教育、文化、环境等方面的建设。

为保障中央政策和扶贫项目的顺利实施，中共红河州委、州人民政府成立了扶持莽人发展协调工作领导小组，制定了《红河州人民政府关于扶持金平莽人发展工作的实施意见》。中共金平县委、县人民政府也成立了金平县莽人综合扶贫工作领导小组，设立专门办公室和项目指挥部，推进通达、水利、通电、安居、基本农田、教育、卫生、文化广电、科技产业、生态建设、整村推进、民生保障等12项建设工程，雷公打牛村、龙凤村、坪河中寨、坪河下寨4个莽人村寨166户833人受益，其中布朗族（莽人）126户681人、苗族31户116人、彝族9户36人。在建设过程中，始终把解决莽人群众最突出的问题放在首位，千方百计加强基础设施建设，改善莽人生产生活条件，尤其是实施安居工程，新建安居房168幢，户均建筑面积122.4平方米，并配套建设了村庄绿化、排水系统、道路硬化、沼气池等附属设施，使莽人群众居住的环境有了质的变化，富有特色的民族风情和生态经济的发展格局初步形成。同时，为提高莽人群众综合素质，切实巩固项目成果，从项目启动即抽调机关干部组成3个驻村工作队常驻莽人村寨，与莽人同吃同住，开展基层组织建设、指导莽人生产生活，促进莽人聚居区经济社会可持续发展。

经过三年的艰苦努力，扶贫项目于2010年12月圆满结束，共完成通建制村公路2条105公里，通自然村公路3条26.9公里，规划外新建了一条村与村之间的连接公路14.3公里，穿梭在莽人山区的崇山峻岭间，实现了3个安置点全部通公路的目标，在莽人群众中架起了"富裕路"。新建和改造安置点人畜饮水管道16.68公里，解决了莽

莽人综合扶贫项目修建的牛场坪村村口公路一段

莽人综合扶贫项目修建的牛场坪村街道一角

莽人综合扶贫项目架通了高压电线。图为平和村一角

2009年6月,莽人实现了广播电视"户户通"。图为牛场坪村文化活动室

人的人畜饮水和农田灌溉问题。架设10千伏高压输电线路26公里，使莽人群众用上了电，莽人山寨变亮了。新建2所自然村小学，扩建1所村级完小，在校学生除严格执行国家"两免一补"外，县委、县政府还出台了特殊优惠政策，每年由县财政部出资10余万元，对义务教育实行全免费，使莽人孩子"读书难"的问题得到彻底解决。举办科学种植养殖科技培训班50期2800人次，推广杂交水稻800亩、杂交玉米1900亩，扶持发展猪、鸡等畜禽2500余头（只），种植杉木2000亩、草果1362亩、茶叶2043亩，莽人群众的科技意识得到了增强，科技水平得到了提高，经济基础得到了夯实。实施坡改梯和中低产田改造1350亩，指导莽人群众科学种田，人均粮食从2007年的418公斤提高到2010年的576公斤，人均粮食增长158公斤，人均纯经济收入从879元提高到1778元，三年人均纯经济收入实现翻番目标。事实证明，此次莽人聚居区综合扶贫是新中国成立以来，党和政府对莽人聚居区扶贫力度最大、资金投入最多的三年，也是莽人聚居区发展最快的三年。该项目的成功推进，使莽人聚居区基础设施建设得到了跨越式发展，为莽人脱贫致富奠定了坚实的基础。

第二节　各级党委、政府大力支持莽人精准扶贫

党的十八大以来，省、州、县党委和政府认真贯彻落实习近平总书记关于精准扶贫、坚决打赢脱贫攻坚战的重要讲话精神，在莽人聚居区综合扶贫时打下的脱贫致富的良好基础上，因地制宜地推进莽人聚居区经济社会建设，使莽人村寨又发生了新变化。

百年百变 布朗族莽人社会变迁

2009年6月18日，在牛场坪村举行"金平县莽人综合扶贫项目安居工程竣工典礼暨搬迁仪式"

"莽人综合扶贫项目安居工程竣工典礼暨搬迁仪式"上的展板之一

莽人群众从旧居搬迁到龙凤村新居的途中

莽人群众从旧居搬迁到牛场坪村新居的途中

笔者站在牛场坪村整齐笔直的卫生路上

莽人综合扶贫项目修建的龙凤村一角

一、加大资金和人才帮扶力度

为确保如期兑现脱贫的军令状,各级党委政府加大财政投入,争取贴息贷款,整合涉农资金、金融贷款以及社会帮扶资金,确保用于莽人聚居区发展产业的扶贫资金投入只增不减,将专项资金全部用于莽人扶贫事业上来。

选派多名党员干部担任驻村工作队员,扎根基层,担当脱贫攻坚重任,为民排忧解难,有效提升村级经济发展和治理管理水平,为百姓带去脱贫新活力。

二、扶贫扶志相结合

坚持扶贫与扶志相结合,通过开展党员干部与贫困群众"一对一帮扶""结穷亲"等形式,充分发动"第一书记"和帮扶干部进村入户,大力宣传党对贫困地区和贫困群众的深切关怀,深入宣传脱贫攻坚的决策部署和政策举措,为贫困群众点亮脱贫希望、增强脱贫信心,切实引导村民"议穷思变",消除"等靠要"思想,提升内生动力。加强对贫困地区群众开展技能培训,有效地提高莽人群众种植和养殖水平,逐渐培养一批有文化、懂技术、会经营的新型农民,为莽人聚居区经济快速发展夯实基础。

三、扶植特色产业发展

在莽人综合扶贫项目的基础上,根据莽人地广人稀的特点,立足当地资源,及时调整产业结构,因地制宜地重点发展有巨大潜力的板蓝根、香茅草、油茶、灵香草等中草药和草果、木薯、甘蔗等经济作物作为莽人脱贫致富奔小康的主要产业,免费提供草果苗给莽人群众种植,并多次派工作队员和农科员到莽人村寨手把手地教他们种植技术,使莽人群众既掌握了技术,又有了特色产业,莽人群众有了更加稳定的收入来源,身上的钱袋子开始鼓起来,逐渐摆脱了贫困。2016年末,莽人群众人均有粮462公斤,人均纯收入4220元,完全达到云南省退出贫困的标准。

四、开展人居环境提升整治

加强莽人定点扶贫村的基础设施建设,有效解决帮扶村寨群众出行、农业生产和生活上的问题,打开了发展的道路。同时,组织村民对村庄内和主要道路两侧的杂草、垃圾、废弃的建筑材料和杂物等进行全面清理,有效解决了垃圾围村、围田、围路、围河等问题,实现了全村庄无垃圾堆放、无污水横流、无杂物挡道,道路两侧树木林立,日常生产生活物品堆放规范,村容村貌焕然一新,极大地改善和提升了全村人居环境质量,到处呈现出一片欣欣向荣的社会主义新农村景象。

五、党建与扶贫"双推进"

哪里有扶贫项目,哪里就有党员党徽闪耀;扶贫开发推进到哪里,党建工作就跟进到哪里。各级党员干部带头发展产业、带头参与基础设施建设、努力加强基层党组织建设,充分发挥了党员的先锋模范作用和党组织的战斗堡垒作用。

召开"金水河镇2009年莽人党员暨村委会党员干部培训会议"

龙凤村莽人升国旗——祖国在我心中

牛场坪村莽人党员在党员活动中集体学习

金平县农科部门和金水河镇农科站培训莽人种植草果技术

金水河镇政府向莽人群众免费发放草果苗

在金平县农科部门和金水河镇农科站指导下莽人群众种植出来的草果

金平县农科部门和金水河镇农科站培训莽人种植蔬菜技术

在牛场坪村边的杂交玉米样板示范地

在县乡（镇）党委、政府支持下莽人种植的油茶

在县乡（镇）党委、政府支持下莽人种植的灵香草

在县乡（镇）党委、政府支持下平和村边莽人种植的杉木林

在县乡（镇）党委、政府支持下牛场坪村边莽人种植的香茅草

在县乡（镇）党委、政府支持下牛场坪村边莽人种植的木薯

在县乡（镇）党委、政府支持下平和村边莽人种植的甘蔗

金平县农科部门和金水河镇农科站在坪河中寨培训莽人畜牧养殖技术

在金平县农科部门和金水河镇农科站指导下龙凤村罗央妹家养殖的猪

在金平县农科部门和金水河镇农科站指导下牛场坪村罗剑母亲养殖的鸡

在金平县农科部门和金水河镇农科站指导下平和村龙文亮家饲养的鹅

在金平县农科部门和金水河镇农科站指导下平和村龙文亮家饲养的山羊

第三节　实现了从"输血"向"造血"的转变

习近平总书记强调："脱贫致富终究要靠贫困群众用自己的辛勤劳动来实现。"自实施精准脱贫政策以来,各级党委政府摒弃单纯给钱、给物的"输血式"扶贫,结合发展脱贫产业、志智双扶、提升就业技能等措施,实现"造血式"扶贫,使现代莽人增强了发展经济、摆脱贫困、发家致富的决心和干劲,用勤劳的双手创造美好的生活,努力建成小康社会。

一、勤劳生产治穷根

习近平总书记多次强调,扶贫必扶智,治贫先治愚。如果扶贫不扶智,贫困户就会陷入知识匮乏、智力不足、身无长物的困境。莽人因长期处于贫困落后的状态,即使进入新时代生产生活有了明显改善,但仍存有一些落后的思想观念,表现为商品意识淡薄、原始平均主义严重、不重视文化教育。这些落后的观念成为莽人群众发展生产、摆脱贫困、建成小康社会的思想障碍。经过长时期扶贫工作队的教育帮扶,使莽人群众真正意识到"不能再这样继续下去,必须用勤劳的双手刨去贫困病根,努力发家致富,过上小康生活"。为此,在各级党委、政府的帮扶下,莽人大面积种植杂交水稻、杂交玉米,显著提高了粮食产量;大力发展畜禽养殖,形成"自觉购买种苗—自行饲养—出售"的良性循环模式;发展经济林木产业和中药材种植,种植收益明显增加,群众的钱袋子开始鼓起来了。

二、"造血"机制摘穷帽

习近平总书记指出，发展产业是实现脱贫的根本之策，要因地制宜，把培育产业作为推动脱贫攻坚的根本出路。在各级党委政府的帮扶之下，莽人村寨已形成了以粮食、畜牧、特色林果、生物药材等为主的高原特色农业产业，并依托产业发展形成摆脱贫困的"造血"机制，不仅拓宽了扶贫工作覆盖面，而且让更多莽人贫困群众受益，彻底摘掉穷帽子。平和村莽人龙有明家，全家5人，劳动力4人。他家的经济来源有以下8项：一是种植草果25亩，毛收入25000元，纯收入20000元；二是种植甘蔗16亩，毛收入26000元，纯收入14566元；三是种植灵香草6亩，毛收入8000元，纯收入5000元；四是养殖猪7头，毛收入21000元，纯收入13000元；五是饲养山羊40只，毛收入51200元，纯收入32000元；六是饲养鸡100只，毛收入10000元，纯收入7200元；七是饲养鹅20只，毛收入7000元，纯收入4000元；八是饲养鸭30只，毛收入7200元，纯收入2400元。龙家全年毛收入152400元，纯收入85166元，人均纯收入达到17033元，全家人的钱袋子鼓起来了，精神也富起来了，过上了幸福美满的好日子。

三、技能培训脱穷境

由于莽人大多数群众文化程度较低，缺乏种植技术，农业生产水平不高。风调雨顺时，日子还算凑合，一旦遇上旱涝，农作物减产，村民的基本生活就会受到严重影响。党的十八大以来，大多数莽人群众在党和政府的持续帮扶下，已经意识到"要摆脱穷境，必须提高生产技术"。为此，他们积极参加县、乡、村举办的种植养殖技能培训，扎实学习先进文化和科学知识，掌握种植养殖生产技

21世纪,在莽人中第一个购买小轿车的平和村民小组长龙有明

21世纪,在莽人中靠种植和经商致富的第一人——平和村龙正祥。图为龙正祥新建的"小洋楼"

在金平县农科部门和金水河镇农科站的指导下,平和村民小组长龙有明成为种养致富脱贫的带头人。图为龙有明家饲养的部分山羊

在金平县农科部门和金水河镇农科站的指导下,平和村民小组长龙有明家饲养的部分鸡、鹅

能，增强脱贫致富的决心和信心，夯实了脱贫攻坚的基础。

四、转移就业挪穷窝

为帮助村民顺利就业，对村里的富余劳动力进行梳理摸排，按照"政府引导、企业主导、供需对接、稳定就业"的工作思路，加大宣传力度，认真落实转移就业、创业帮扶政策。目前，有81名莽人青壮年走出山寨，走进城市就业，成为城市建设的生力军，获得稳定的收入，摆脱了贫困，过上了幸福的日子。

第四节　展现新时代焕然一新的莽人山区美丽家园

在新时代的浩荡春风里，莽人群众在党和政府的关怀和帮扶之下，发展产业、改善环境、培育人才、传承文化，用勤劳的双手创造美好甜蜜的新生活，使莽人村寨呈现出焕然一新的山区美丽家园新面貌。

一、产业兴农，村寨家庭富起来

持续的扶贫，改善的不仅是莽人的生产生活，更为莽人聚居区提供了持续发展的动力。莽人群众在当地党委、政府的帮扶之下，因地制宜地重点发展有巨大潜力的板蓝根、香茅草、油茶、灵香草等中草药和草果、木薯、甘蔗等经济作物，使莽人家庭经济收入增长迅速。据2020年末统计，农民人均纯经济收入7202元，人均有粮463公斤，早已超过脱贫标准，过上了小康生活。龙凤村、平和村和

21世纪,在莽人中靠打工致富的第一家——牛场坪村陈胜夫妻俩。图为陈胜购买的大货车

21世纪,在莽人中第一个靠种养和运输致富的家庭——平和村罗家。图为罗家购买的三轮摩托车

21世纪,在莽人中靠种养致富的平和村陈四生。图为陈四生购买的老年代步车

牛场坪村3个莽人村寨共有163户771名村民,其中152户购买了电冰箱,137户购买了洗衣机,35户购买了粉碎机和碾米机;现有摩托车173辆(含三轮摩托车),有2户买了汽车(1辆货车、1辆轿车)。2020年有12户人家每户1人学到了汽车驾照,计划购买汽车,每户均有1辆摩托车。95%的成年村民拥有移动电话。

二、强基固本,让村寨环境美起来

在完成安居工程的基础上,按照"取其精华,去其糟粕,使

笔者从20世纪80年代末开始,每年到莽人村寨调研和宣讲党的民族团结政策两三次。图为2017年10月24日笔者在龙凤村向莽人群众宣讲党的十九大精神

之与当代社会相适应，保持民族性，体现时代性"的原则，通过保护、传承、创新，不断引领莽人与时俱进、自我发展，极大地促进了莽人各自然村特色村寨建设、民族文化传承、生态保护、民族文化产业发展等。走进莽人村寨，村道干净、绿树成荫、环境优美，一幢幢现代与民族元素相结合的"小洋楼"呈现面前，让人耳目一新。随意走进一户人家，水泥硬化的院子干净整洁，屋内各种家具摆放井然有序，窗明几净，厨房、卫生间整洁宽敞，村民的起居生活特别便利舒适。

三、教育强村，村寨人才育起来

莽人经济文化教育长期处于落后的状态，20世纪90年代，莽人村寨贫困户多、文盲多、生产生活水平低的问题依然突出。2003年，雷公打牛村的刀文兴中师毕业，成了莽人山寨文凭最高的人。后来，刀文兴到村小学当上了唯一的教师，使本村的孩子再也不用跑到十多公里外的上田房小学读书了。随着教育扶贫政策的实施，上田房小学和平和村小学的新建、南科中心小学的扩建、大批高素质教师的到来，改变了几代人的命运，一批又一批莽人孩子终于走出大山，走进高等学府深造，学业完成后又返回村寨建设家乡，从而改变了村寨的命运。

四、文化兴村，村寨名气响起来

走进莽人村寨，莽人特有的元素遍布小山村，从别具一格的民居到特有的语言风俗习惯，均展现着莽人鲜明的文化特色。随着经济社会的发展，变化的是越来越漂亮的生活家园，而不变的是莽

21世纪初，刚建好的牛场坪村罗光明家的"小洋楼"

21世纪初，蓝天白云下的牛场坪村陈大妹家的"小洋楼"

牛场坪村罗绍华家的入户大门

作者在牛场坪村罗绍华家进行访谈

牛场坪村罗绍华家内屋摆放的家电

牛场坪村龙三家内屋摆放的家电

人独具特色的文化和精神的传承。随着村级文化室的建成、莽人文艺队的组建，莽人的精神文化生活得到了丰富。同时，通过各类莽人文艺表演活动，把一个个莽人文化精品传播到外面的世界。通过收集莽人传统的生产生活用具和民族服饰等物品，传承和保护莽人文化。莽人文化的独特性，吸引了部分日本、韩国、加拿大等国外专家学者和一大批国内民族学、社会学学者到此进行调查研究，而大量关于莽人文化传承与创新的科研项目的立项和结题、著作的出版、文章的发表，使得莽人文化和莽人村寨日渐为更多人了解和熟知。

百年来，莽人的生活实现了"三级跳"：从吃不饱，到吃得饱，再到追求吃得健康；从步行，到骑自行车、摩托车，再到开小汽车；从住丛林里，到住茅草房，再到住小洋楼；从听虫鸣鸟叫，到看电视，再到丰富多彩的文化生活。党的民族政策光照高山丛林、村村寨寨，使莽人聚居区发生了沧桑巨变，共同谱写民族团结进步的新篇章。正所谓没有中国共产党的领导，就没有各民族的团结繁荣发展，更没有今天莽人的幸福生活。

21世纪初，焕然一新的牛场坪村全貌

21世纪初，焕然一新的平和村全貌

21世纪初，焕然一新的龙凤村全貌

21世纪初，焕然一新的上田房小学

21世纪20年代初,设施配套齐全的牛场坪村。图中红标"1"是村民表演活动棚,红标"2"是党员活动室、老年活动室和篮球场,红标"3"是垃圾处理场,红标"4"是广播电视转播站

21世纪初,崭新的牛场坪村文化活动室

21世纪初,崭新的牛场坪村公厕

附录一：

历届莽人村干部和
外出工作、参军等人员名录

20世纪50年代以前，莽人村落是由家族长老管理。1960年初，驻金边防部队和金平县委、县政府联合组织民族工作队，派工作队员到深山老林里向莽人群众宣传党的民族平等政策，动员他们出林定居定耕。自从定居定耕后，莽人社会经济文化都有了很大的发展，如今莽人中有了乡干部、教师、工人等，特别是为了贯彻落实党的民族平等政策，从20世纪60年代开始，先后在莽人积极分子中推选出州、县人大代表和政协委员。现将莽人村寨历任村干部，村党支部党员，参加工作人员，参军人员，州、县人大代表和政协委员等情况，介绍如下：

一、历任村干部情况

"火车跑得快，全靠车头带。"来自于村民、服务于村民的一代代莽人干部，把党和政府的号召与村寨发展深度结合起来，实现了政策与实践的融合，他们带领全体莽人创造了一个又一个发展进步的新成就。

1. 牛场坪村历任村干部情况

陈大，男，文盲，原雷公打牛村（牛场坪村）人。1960—1977年底任村合作社社长。1958—1959年，他带县民族工作队到原始森林里动员莽人同胞出林定居定耕。1960年并村定居后，任雷公打牛村农业合作社社长。他是该村第一任合作社社长。

罗开文，男，初小文化，原雷公打牛村（牛场坪村）人。1978年初至2008年任该村生产队队长。他是该村第一任生产队队长。

罗剑，男，初中文化，原雷公打牛村（牛场坪村）人。2008年底至今任该村村民小组长。2009年从雷公打牛村易地搬迁到牛场坪村后，任牛场坪村第一任村民小组长。

2. 平和村历任村干部情况

龙二，男，文盲，原坪河中寨（平和村）人。1960—1983年任该村合作社社长。1958—1959年，他带县民族工作队到原始森林里动员莽人同胞出林定居定耕。1960年并村定居后，任坪河中寨村农业合作社社长。他是该村第一任合作社社长。

陈大，男，文盲，原坪河中寨（平和村）人。1985—1990年任坪河中寨生产队长。他是该村第一任生产队队长。

陈云，男，文盲，原坪河中寨（平和村）人。1991年底至2007年底任该村生产队长。他是该村第二任生产队队长。

龙三，男，文盲，原坪河下寨（平和村）人。1960年至1972年底任该村合作社社长。1958—1959年，他带县民族工作队到原始森林里动员莽人同胞出林定居定耕。1960年并村定居后，任坪河下寨村农业合作社社长。他是该村第一任合作社社长。

陈士明，男，文盲，原坪河下寨（平和村）人。1973年至1977年底任该村生产队队长。他是该村第二任村干部、第一任村生产队队长。

陈小大，男，初小文化，原坪河下寨（平和村）人。1978年初至2007年底任该村生产队队长。他是该村第二任村生产队队长。

龙有明，男，初中文化，原坪河下寨（平和村）人。2007年初至今任该村村民小组长。2009年，坪河中寨和坪河下寨易地搬迁到平和村（两村合并）后，任平和村民小组长。他是该村第一任村民小组长。

3. 龙凤村历任村干部情况

刀三，男，文盲，原南科新寨（龙凤村）人。1960年至1978年底任村合作社社长。1958—1959年，他带县民族工作队到原始森林里动员莽人同胞出林定居定耕。1960年并村定居后，任南科新寨村农业合作社社长。他是该村第一任合作社社长。

陈进兴，男，初小文化，原南科新寨（龙凤村）人。1979年初至1995年底任该村生产队队长。他是该村第一任生产队队长。

罗继高，男，初小文化，原南科新寨（龙凤村）人。南科新寨搬迁到龙凤村后，1996年初至2006年底任该材生产队长。他是该村第一任生产队队长。

罗云祥，男，初中文化，原南科新寨（龙凤村）人。2007年初至今任该村村民小组长。他是该村第一任村民小组长。

二、村党支部党员情况

支部建在村中，党员就是旗帜。在党的培育下发展起来的莽人党员，听党话、感党恩、跟党走，在服务村民、发展经济、推动进步、巩固边疆的事业中，一直发挥着不可替代的重要作用。

截至2020年5月31日，加入中国共产党的莽人有30名，其中男22人、女8人。党的十八大以后，金平县委加强了对莽人聚居区的基层党组织建设，在莽人村民小组设立了村党支部，并任命莽人担任党支部书记。

1. 牛场坪村党支部情况

牛场坪村有党员10人，其中男8人、女2人。

陈海林，男，小学文化。2013年至今任牛场坪村党支部书记。他是该村第一任党支部书记（支部有1名书记、1名副书记、1名支委）。

2. 平和村党支部情况

平和村有党员10人，其中男6人、女4人。

陈忠明，男，初中文化。2013年至今任平和村党支部书记。他是该村第一任党支部书记（支部有1名书记、1名副书记、1名支委）。

3. 龙凤村党支部情况

龙凤村有党员10人，其中男8人、女2人。

陈小华，男，初中文化。2013年至今任平和村党支部书记。他是该村第一任党支部书记（支部有1名书记、1名副书记、3名支委）。

三、参加工作人员情况

"让各类人才的聪明才智充分涌流"，"聚天下英才而用之"。在党的人才制度政策的光照下，莽人正源源不断地充实到干部队伍中。

多年来，金平县委、县政府积极培养莽人人才，截至2020年5月31日，莽人中有1名乡科级干部、1名公务员、3名学教师、2名工人。现按参加工作时间顺序介绍如下：

陈小成，男，初小文化，原南科新寨（龙凤村）人。1973年底分配到金平县供电所工作，2006年退休。

刀志忠，男，初中文化，原南科新寨（龙凤村）人。1973年分配到金平县勐拉邮电所工作，1997年从勐拉邮电所调到金水河镇邮电所工作，2016年退休。

陈世宏，男，初中文化，原坪河中寨（平和村）人。1973年分配到金平县勐拉学区南科新寨小学任教，1993年从南科新寨小学调到坪河中寨小学任教。2007年病故。

刀文兴，男，大学文化，原南科新寨（龙凤村）人。2003年分配到金平县金水河镇雷公打牛村小学任教，2009年至2020年9月调到金水河镇党委，2015年任金水河镇党委委员、武装部部长，2020年10月任大寨乡副乡长。

陈素珍，女，大学文化，平和村人。2003年分配到金平县金水河镇南科寨小学任教，2010年从南科寨小学调到金水河中学小学任教，2017年从金水河中学小学调到口岸小学任教至今。

罗素芬，女，大学文化，平和村人。2003年分配到金平县金水河镇坪河中寨小学任教，2018年从坪河中寨小学调到口岸小学任教至今。

罗自芳，女，中专文化，龙凤村人。2015年分配到金平县者米乡政府工作至今。

四、参军人员

"我们的军队是人民军队，我们的国防是全民国防。"莽人积极响应国家征兵政策，截至2020年5月31日，共有6名莽人应征入伍。现按入伍时间顺序介绍如下：

陈小成，男，初小文化，原南科新寨（龙凤村）人。1969年入伍，1973年退伍。

罗开文，男，初小文化，原雷公打牛村（牛场坪村）人。1973年入伍，1978年退伍。

陈小大，男，初小文化，原坪河下寨（平和村）人。1973年入伍，1978年退伍。

陈世平，男，初小文化，原南科新寨（龙凤村）人。1977年入伍，1980年退伍。

陈进新，男，初小文化，原坪河下寨（平和村）人。1977年入伍，1980年退伍。

五、历届州、县人大代表

"人民代表，代表人民。"莽人代表在各级人民代表大会中，积极发挥着重要作用，传递莽人心声，服务莽人群众，巩固党的民族团结事业。

1. 历届州人大代表

陈大，男，文盲，原雷公打牛村（牛场坪村）人。当选为红河州第二届人大代表。

刀三，男，文盲，原南科新寨（龙凤村）人。当选为红河州第四届人大代表。

陈素珍，女，大学文化，原坪河中寨（平和村）人。现为金水河小学教师。当选为红河州第十一届人大代表。

刀文兴，男，大学文化，原南科新寨（龙凤村）人。现为大寨乡副乡长。当选为红河州第十二届人大代表。

2. 历届县人大代表

陈大，男，文盲，原雷公打牛村（牛场坪村）人。当选为金平县第三届人大代表。

刀三，男，文盲，原南科新寨（龙凤村）人。当选为金平县第四届人大代表。

陈进兴，男，初小文化，原南科新寨（龙凤村）人。当选为金平县第五届人大代表。

陈志先，男，初小文化，原南科新寨（龙凤村）人。当选为金平县第六届人大代表。

陈大，男，文盲，原坪河中寨（平和村）人。当选为金平县第七届人大代表。

陈小忠，男，初小文化，原坪河中寨（平和村）人。当选为金平县第八届人大代表。

罗继高，男，初小文化，原南科新寨（龙凤村）人。当选为金平县第十届人大代表。

罗开文，男，初小文化，原雷公打牛村（牛场坪村）人。当选为金平县第九届、第十一届人大代表。

陈素珍，女，大学文化，原坪河中寨（平和村）人。现为金水河小学教师。当选为金平县第十二届人大代表。

罗云飞，男，中专文化，原南科新寨（龙凤村）人。当选为金平县第十三届人大代表。

六、历届州、县政协委员

莽人在参与政治协商、民主监督、参政议政的政治建设进程中，不仅代表了莽人政治上的进步，更揭示了莽人的社会文明发展已经追赶上了新时代前进的步伐。

1. 历届州政协委员

罗四，男，文盲，原南科新寨（龙凤村）人。当选为政协红河州第一届委员。

刀三，男，文盲，原南科新寨（龙凤村）人。当选为政协红河州第二、第三、第四届委员。

2. 历届县政协委员

龙二，男，文盲，原坪河中寨（平和村）人。当选为政协金平县第一、第二、第三届委员。

罗开文，男，初小文化，原雷公打牛村（牛场坪村）人。当选为政协金平县第四、第五、第七届委员。

陈小大，男，初小文化，原坪河下寨（平和村）人。当选为政协金平县第六届委员。

刀文兴，男，大学文化，原南科新寨（龙凤村）人。现为大寨乡副乡长。当选为政协金平县第八届委员。

陈继光，男，小学文化，原南科新寨（龙凤村）人。当选为政协金平县第九届委员。

附录二:
莽人对生态资源的保护和利用

过去，莽人主要生活在高山密林之中，由于生产力水平的限制，其食物来源主要依靠采集，而原始森林中丰富多样的植物为莽人的采集生活提供了良好的自然条件。20世纪50年代，莽人的生活所需食物的80%依赖于野生植物的采集；70年代占50%；90年代占20%；2003年仍占15%。在所采集的这些野生食用植物中，包括了块根类、嫩叶类、皮花、笋类、果类、菌类等，多达200余种。在今天看来，能够在有限的区域内，采集如此之多的野生食用植物作为自己的食物补充，只有莽人才能做得到。在长期的采集生活过程中，莽人积累了丰富的野生植物知识。莽人了解到不同植物的生长周期、性质，以及在不同季节和时间里应采集什么样的植物。在采

笔者于牛场坪村后山中越55号界碑处留影

龙凤村后山的中越48号界碑

集的过程中,他们也知道应当怎样合理利用植物资源,采取采集与保护并重的方法,遵循"可持续、可再生"的野生植物资源利用原则。今天我们重新审视莽人的生活方式,发现他们的这种生活方式并没有破坏生态环境,而是一种持续利用生态环境,使生态环境得到良性循环,使生物多样性得到有效保护的与自然和谐相处的生活方式。因而多少年来,莽人的这种生活方式仍然让他们所居住的地区呈现出生机勃勃的景象,青山水秀,鸟语花香,森林资源十分丰富。莽人与葱郁的原始森林、丰富的动植物、清澈的溪流、清新的空气一起,共同构成了人与自然和谐相处的关系。这是在周围其他民族中比较少见的现象,可以说,这是生态保护和生物多样性保护来自民间的有益例证,值得我们重视和借鉴。

一、自然环境与森林资源

采集,是原始农业诞生之前,人类以采集大自然提供的野生食用植物的鲜果、嫩叶、块根、菌类等为生。即使在原始农业诞生之后,由于生产技术的落后以及天灾人祸的降临,人们饥饿期间,常常到原始森林里采集可食用的野果、嫩叶、块根等作为食物补充。这种原始落后的采集生活,随着社会的发展而逐渐消失。今天,古代人类的采集活动虽已离我们远去,但居住在云南省金平县的莽人至今仍保持的一些古老采集方法和食用方法,为我们提供了生动的实例。为做好"莽人生态环境史"项目的研究工作,笔者从2019年10月至今,先后5次到莽人聚居区,实地调查了莽人社会历史背景、采集生活与野生食用植物的利用方式和保护方法,以及其他民族涌入莽人聚居区后对生态资源的破坏等情况。本文即笔者对莽人社会采集生活的初步调查研究报告。

坪河河头原始森林中的老树林之一

（一）自然环境

莽人居住的区域属于云南金平国家级自然保护区西隆山林区的东南边缘，位于金平县城东南部，东经102°57'—103°01'，北纬22°26'—22°45'。那里山高坡陡，谷深峡窄，山形奇特，有保山、刀寨山、草果坪山、夫展山、坪河后山、南科梁子、老白寨梁子等7座高山大梁。

莽人居住的4个村落就分布在这7座大山山梁上的原始森林之中。诸山的西南面与越南莱州省清河县接壤，东北面与金水河镇乌丫坪村委会上田房、下田房村民小组，南科村民委员的南行五队、联防、姆基冲等村民小组相连。距省会昆明568公里，距州府蒙自247公里，距县府金水河镇110公里，距镇政府驻地那发80公里。国境线长达50余公里。

20世纪50年代至今,莽人活动的生活区域之一。图为坪河河头原始森林一角

从境内的地质、地貌和土壤类型来看，由于受中生代以来强烈的地质运动、河流的切割和侵蚀，地形复杂，为中山深切割地貌。地质燕山期粒结晶岩类为主（燕山期二长岗岩），其次还有下志留纪板岩、砂岩夹灰岩、上三叠纪板岩、细砂岩夹多层流纹岩、中侏罗纪砂岩、砾岩、页岩夹石膏等。境内土壤类型与海拔高度有非常密切的关系，沿海拔梯度高低依次为黄色赤红壤、黄红壤、黄棕壤和棕壤。土壤含沙量较多。各类土壤由于分布的海拔高度不同而差异较大。

境内山高谷深，海拔差异大而气候多变。最高海拔为2290米（刀寨山），最低海拔为850米（坪河下寨和下田房村交界处）。由于海拔差异大和地形地貌悬殊以及受季风暖湿气流的影响，境内海拔850—1900米之间，气候温和，年平均气温18—20℃，年降雨量2000—2900毫米。①耕作区和林区多雾罩，冬季有冰凌出现，但不受寒潮的影响和台风的袭击。其特定的环境，形成了独特的气候特点和植被类型。

（二）森林资源

莽人聚居区地广人稀，森林资源丰富。据2001年金水河镇人民政府和有关林业部门初步统计，莽人聚居区土地面积约有7.3万亩，土地资源和生态资源十分丰富。其中，森林面积6.1万亩（包括国有林和集体林），荒山荒地和农业耕地面积1.2万亩，人均面积分别为111亩、93亩、10.3亩。在6.1万亩森林中，国家级自然保护区5.1万亩、集体林0.65万亩、私有林0.35万亩，人均森林面积分别为78亩、9.9亩、5.3亩。在5.1万亩自然保护区中，核心区4万亩、缓冲区0.7万

---

① 许建初主编：《云南金黄色平分水岭自然保护区综合科学考察报告集》，云南科技出版社，2002年，第149页。

亩、实验区0.4万亩。①20世纪50年代后，莽人的采集活动一年比一年减少。其原因有两个方面：一是该地区森林资源减少，导致了野生食用植物的减少；二是刀耕火种农耕转向水田农耕后，人工栽种的粮食逐年增多，除遇天灾人祸，需野外采集充饥外，平时采集野果、嫩叶、块根、菌类等物是做菜或出售，不是做主食充饥。现在莽人的经济生活中，采集的比重只占15%左右。

（三）野生食用植物采集季节和食用方法

森林是自然界中维护生态平衡的"顶梁柱"和"总调度室"，是人类赖以生存和发展的重要基础。莽人聚居区地处亚热带，气候多雨湿润，热量充足，土壤肥沃，适宜各种植物生长。据中国科学院昆明植物研究所和云南金平分水岭自然保护区管理局科研人员多年的调查统计，境内植物种类至少有2000多种，分属200多科788属。在2000多种植物中，国家一级重点保护植物12种，国家二级重点保护植物30种，经济植物有690多种（中药类植物475种、建材类植物109种、可食用植物69种、观赏植物35种），其他类植物103种。②据雷公打牛村莽人长老罗大（时年96岁）、陈大（时年72岁），坪河中寨龙三（时年70岁），坪河下寨刀义明（时年60岁）等4个人的介绍，莽人采集的野生食用植物有100多种。综合四人的介绍，其部分野生食用植物及采集食用方法如下：

1.块根类采集季节和食用方法。块根类采集植物有：（1）野葛〔Pueraria lobata（Willd.） Ohwi〕，食块根。采集季节一般为秋季和冬季，这两个月采集以保证块根的淀粉含量高，用锄头或木棒挖出块根洗净后生食，他们只知饥饿时充饥，不知做药。（2）蕺菜

---

① 金平县金水河镇政府提供。
② 许建初主编：《云南金平分水岭自然保护区综合科学考察报告集》，云南科技出版社，2002年，第152页。

坪河中寨后山森林之一

〔Houttuynia cordata Thunb.〕，食嫩叶、茎根。采集嫩叶一般为1—5月，采集茎根为9—12月。用手采叶，木棒撬出地下茎，把块根上的泥土洗净后生食，他们不知炖食和做药。（3）何首乌〔Polysonum multiflorum Thunb〕，食嫩茎叶、块根。春季采茎叶，冬季采块根。茎叶炒食，块根泡酒内服治失眠、劳伤等病。（4）升麻〔Cimicifuga foetida l.〕，食嫩茎叶。早春采集，他们只知茎叶炒食，不知做药。（5）野胡萝卜〔Daucuscarota l.〕，食嫩茎叶、块根。春季采茎叶，秋季和冬季采挖块根。茎叶煮食，块根炖小鸡肉做补药。（6）打碗花〔Calystegia hederacea Wall.〕，食嫩茎叶、根。春季采集。全草煮食治白带、月经不调等病。（7）甘露子〔Stachys sieboldii Miq.〕，食用块茎。冬季采挖块茎。块茎煮烫口服治风热感冒、虚劳咳嗽、小儿疳积等病。（8）土茯苓〔Smilax glabra Roxb.〕，食用根状茎。

冬季采挖，根状茎泡酒内服治风湿、关节炎、疔疮、痈肿等病。（9）野百合〔Lilium brownii F.E. Brown ex Miellez〕，食用鳞茎。秋末冬初采挖。炒鳞茎作菜，炖烫服治肺痨久嗽、痰血等病。（10）慈姑〔Sagittaria trifolia L.〕，食嫩叶茎、球茎。夏季采食嫩茎，冬季采挖球茎。嫩叶茎生食，球茎煮熟作菜。（11）树萝卜〔Agapetesn neriifolia（kinget prain）Airy-shaw var.maxima airy-show〕，食用球茎。秋冬采挖。泡酒口服治跌打损伤、水肿等病。（12）棕叶芦〔Thysanolaenamaxima（Roxb）kuntze〕，食用根。一年四季采集。煮煎水服治腹泻。（13）土党参〔Campanumoea javanica B1.〕，食用块根。秋末冬初采集。煎水内服治脾虚腹泻、肺虚咳嗽等病。（14）老虎须〔Taccachantrieri Andre〕，食用根状茎。一年四季采集。生食治肠炎、扁桃体炎、肺炎等病。（15）红球姜〔Zingiber zerumbet（Linn.） Smith（Beqleqyai neil）〕，食用根茎。一年四季可采收。生食可治腹痛、腹泻等病。（16）土木香〔lnurahelenium L.〕，食用根茎。秋季采挖。煎水内服祛风消肿。（17）虎杖〔Polygonum cuspidatum sieb. et zucc〕，食用嫩茎、块根。春夏采嫩茎生食；秋末冬初采挖块根，煎水内服治肠炎、急性肝炎、咽喉炎、尿路感染等病。（18）大罗伞〔Phytolacca Americana L.〕，食用块根、嫩叶。一年四季可采集。嫩叶和块根煎水内服解毒消肿。（19）鱼腥草〔Houttuynia cordata Thunb.〕，食用全草。一年四季可采集。煎水内服治肺炎、百日咳等病。（20）台乌〔Lindera strychnitolia（sieb.et zucc.）Vill〕，食用块根。一年四季可采集。煎水内服治痛经、疝痛、风湿疼痛等病。（21）黄山药〔D. panthaica Prain et Burk.〕，食块根。秋季和冬季采挖。块根洗净后煮食。（22）山堆堆〔D.cirrgusa Lour.〕，食块根。秋季和冬季采集。切片泡酒内服治关节炎。（23）芭蕉根〔Musa acurruinata Colla〕，食根。一年四

雷公打牛村龙大家挖的野生木薯

季可采集。嫩根切片泡水后炒食。不知拉丁语名称的有山羊头、麻根。据不完全统计，莽人聚居区野生根类采集植物，至少在30种以上。①

2. 嫩叶类采集季节和食用方法。嫩叶类采集植物有：（1）蕨〔pteridium aquilinum（L.）Kuhn var latiusculum（Desv）Underw〕，食嫩叶柄、根状茎。采集季节为3—6月。有凉拌蕨、炒蕨、蒸蕨等多种食法。（2）密毛蕨〔Peeridium reoolutun（Bl.）Nakai〕，食用嫩叶柄、根状茎。春末夏初采集嫩叶柄，秋季采集根状茎。凉拌、素炒作菜。（3）中华荚果蕨〔Mateeuccia intermediacy.cnr〕，食嫩叶柄。春季和夏季采集。凉拌、素炒食。（4）地肤〔Kochia scoparia（L.）〕，食嫩茎叶。夏季采集。凉拌、炒、煮粥等食。（5）刺苋〔Amaranthus spinosus L.〕，食嫩茎叶。春季采集。素炒食；煎水内

---

① 杨毅、傅运生、王万贤主编：《野菜资源及其开发利用》，武汉大学出版社，2000年。

服清热解毒。（6）雀舌草〔Stellaria alsine Grimm〕，食嫩茎叶。春季采集。素炒、煮汤食。（7）莼菜〔Brasenia schreberi J.F. Gmel.〕，食用嫩茎叶。采集季节为3—10月，煎水内服治热痢、黄疸、痈肿等病。（8）升麻〔Cimicifuga foetida L.〕，食用嫩茎叶。早春采集。嫩茎叶可供凉拌和炒食。（9）五味子〔Schisandra chinensis (Turcz.) Bail.〕，食用嫩叶。春季采集，果实成熟后可以生食；嫩叶可作菜和补药。（10）荠〔Capsella bursa-pastoris (Linn.) Medic.〕，食嫩茎叶。春季和夏季采集，嫩茎叶可供凉拌和炒食。（11）遏蓝菜〔Thlaspi arbense L.〕，食嫩茎叶。春季和夏季采集。嫩叶煎水内服治肾炎和子宫内膜炎。（12）龙牙草〔Agrimonia pilosa Ledeb〕，食嫩茎叶。春季和夏季采集。习用炒食。（13）水杨梅〔Geum aleppicum Jacq.〕，食用嫩叶。春季和夏季采集。嫩叶炒食和煎水内服治疗痢疾、崩漏白带、跌打损伤、咽痛等病。（14）路边青〔Geum japonicum Thunb var. chinense F. Bolle〕，食幼苗、嫩茎叶。春季采集，幼苗炒食；嫩茎叶煎水内服健身祛病。（15）金露莓〔potenilla frutioosa L.〕，食嫩茎叶。春季采集，嫩茎叶煎水内服补脾。（16）委陵菜〔potentilla chinensis ser.〕，食用嫩叶。春季采集，茎叶煎水内服治肺热咳嗽、百日咳等病。（17）胡枝子〔Lespedeza bicoloi Turci〕，食用嫩叶。春季和夏季采集。凉拌、素炒作菜；煎水内服治黄疸、尿路结石、夜盲等病。（18）天蓝苜蓿〔Medicago Lupulina L.〕，食用嫩茎叶。春季采集。凉拌作菜；煎水内服治痨伤、头晕等病。（19）歪头菜〔Vicia unijuga A. Br.〕，食用嫩叶。春季采用。凉拌作菜；煎水内服解毒消肿。（20）乌蔹莓〔Cayratia japonica (Thunb.) Gagn〕，食幼苗、嫩叶。春季采集。素炒作菜；煎水内服可治妇女乳汁不行、乳房肿痛等病。（21）冬葵〔Malva verticillata L.〕，食用嫩茎叶、肉质根。春季采嫩叶，秋冬采块根。嫩叶素炒，质根炖汤作补药。（22）野胡萝卜〔Daucus carota L.〕，食用嫩叶柄。春季和夏季采集。凉拌和素炒作菜；煎水内服治水肿病。（23）西南水芹〔Oenanthe dielsii Boiss〕，食用嫩叶柄。春季和夏季采集。凉拌和素炒作菜；煎水内服治水肿病。（24）水芹〔Oenanthe javanica（Bl.）OC.〕，食用嫩茎叶。春季和夏季采集。素炒作菜；煎水内服治呕吐、消化不良、腹胀、眼花等病。（25）变豆菜〔Sanicula chinensis Bunge〕，食用嫩茎叶、嫩根。采集时间为2—5月。素炒嫩叶作菜；茎根煎水内服治疟疾。（26）打碗花〔Calystegia hederacea Wall.〕，食用嫩茎叶。一年四季采集。凉拌、煮汤作菜。（27）薄荷〔Mentha haplocalyx Briq.〕，食用嫩茎叶。春季采集。凉拌、煮汤作菜；煎水内服清热。（28）车前〔Plantago asiatica L.〕，食嫩茎叶。春季和夏季采集。素炒、煮汤作菜；煎水内服治慢性支气管炎、失眠等症。（29）绞股蓝〔Gynostemma Pentaphyllum（Thunb.）Makino〕，食用幼苗、嫩叶。早春采集。素炒、煮汤作菜；煎水内服治吐血、尿血等症。（30）大蓟〔Cirsium japonicum DC.〕，食嫩茎叶。春、夏、秋三季均可采集。凉拌、煮汤作菜；煎水内服治尿路感染。（31）野茼蒿〔Gynura ctepidioides Benth〕，食嫩叶、幼苗、根。春季采集幼苗和嫩叶，秋季采挖根。凉拌、素炒作菜；煎水内服治肺痛。（32）苦荬菜〔Lxeris denticulata（Houtt.）Stebb.〕，食嫩茎叶。春季采集嫩叶，秋季采集茎。凉拌素炒、煮汤作菜。（33）马兰头〔Kalimeris indica（L.）〕，食嫩茎叶。春季采嫩叶，秋季采茎。凉拌食嫩叶；茎根煎水内服清热解毒。（34）苣荬菜〔Sonchus arvensis L.〕，食嫩叶。春季采集。凉拌、素炒作菜。（35）蒲公英〔Taraxacum mongolicum Hand.-Mazz.〕，食幼苗、嫩叶、花序。春季采幼苗和嫩叶，夏季采花序。凉拌、素炒、煮汤作菜；煎水内服治胃炎。（36）鸭舌草

〔Monochoria Daginalis（Burm. f.） C. Presl〕，食嫩叶。春末夏初采集。素炒作菜。（37）卵叶韭〔Allium ovalifolium H.-M〕，食嫩叶。春季和夏季采集。凉拌生食；泡酒内服镇痛祛风。①

3. 皮、花、笋类采集季节和食用方法。皮、花、笋类采集植物有：（1）益母草〔Leonurus artemisia（Laur.）S. Y. Hu F〕，食用嫩叶和花。春季采集。素炒食；煎水内服治月经不调和胎漏难产。（2）大仙芽〔Curculigocapitllata（loura）O.ktze.〕，食嫩叶和花柄。一年四季可采集。嫩叶可生食；煎水内服治尿路感染。（3）白鹤藤〔Argyreia obtusifolia Lour.〕，食嫩叶、花、茎。一年四季可采集。嫩叶和花炒食；茎切片晒干备用，治烫伤。（4）牛嗓管树〔Saurauia lantsangensis HU〕，食茎皮。秋季采集。煎水内服治便秘。（5）野牡丹〔Melastoma candidum〕，食用花叶。秋季采集，煎水内服治痢疾，捣烂取汁治烫伤。（6）灯台树〔Alstonia scholaris（L.）R.Br.〕，食皮。一年四季可采集，泡开水内服治支气管炎和百日咳。（7）树头菜〔Rataeva unilocularis Buh.-Ham.〕，食皮叶。一年四季可采集，开水泡服治胃炎；泡酒服治关节炎。（8）野芭蕉〔Musa acuminata Tutch.〕，食用花和皮。一年四季可采，花素炒食；皮治烫伤。（9）密蒙花〔Buddleoa Offcinalis Maxim.〕，食花。春夏采集，煎水内服治伤寒。（10）毛竹〔Phllo Stachjs Pubescens Mazel.〕，食笋。夏季采集，嫩笋煮食。（11）芦苇〔Phragmitas Communis Trin.〕，食芽。夏季采集，嫩芽炒食。（12）甜竹笋〔Dendrocalamus giganteus.〕，食笋。采集时间一般为夏季和秋季，嫩笋煮、炒食。（13）苦竹笋〔Pleioblastus amarnarus.〕，采集时间和食法同上。（14）斑竹笋〔B.multiple

---

① 杨毅、傅运生、王万贤主编：《野菜资源及其开发利用》，武汉大学出版社，2000年。

(lour.) Racusch.c u. silueretripe.〕，采集时间和食法同上。（15）大泡竹笋〔Schizostachyum funghonii.〕，采集时间和食法同上。（16）细泡竹笋〔Pseudostachyum Polymorphum.〕，采集时间和食法同上。不知拉丁语名称的还有刺竹、松树、野桂、董棕等20多种。①

4. 果类采集季节和食用方法。果类采集物有：（1）粉枝莓〔Rubus biflorus Buch-Ham.〕，食果。春末夏初采生食。（2）黄泡子〔Rubus ichangensis Hemsl. Et O. Kuntze〕，食果。夏季采生食。（3）刺葡萄〔Vitis dabidii Roman.Foex.〕，食果实。秋季果子发黑后采食。（4）葛藟〔Vitis flexuosa Thunb.〕，食果。夏末秋初采食。（5）毛葡萄〔Vitis quinquangularis Rehd.〕，食果。秋季采食。（6）细弱草莓〔Fiagaria gracilis Losinsk.〕，食果实。春末发白后采食。（7）柿〔Diospyros Kaki L. F.〕，食果实。秋末冬初采集。果实发黄后生食。（8）杨梅〔Myricarubra（Lour.）sieb.et zucc.〕，食果。春末夏初果实发黑后采食。（9）五味子〔schisandra chinensis（Turcz.）Baill〕，食果实和根茎。秋季采集果，冬季采集根茎。果实生食；根茎煎水内服治急慢性肠炎。（10）毛樱桃〔Prunus tomentosa Thunb.〕，食果。春末夏初果子发红后采食。（11）樟树〔Cinnamomum Camphora（L.）Presl〕，食果实和叶。春季采嫩叶煎水内服止痛止痒；秋季采果炒食。（12）木姜子〔Litsea Cubeba（Lour.）Pours.〕，食果子。秋季采果，除鲜食外，可治感冒头痛、头昏眼花。（13）云南野木瓜〔Staunto-nia duclouxii Gagn〕，食果实。冬季采集，除鲜食外，可制果酱。（14）串果藤〔Sinofranchetia chinensis（Franch.）Hemsl.〕，食果。秋季采集，生食。（15）血满草〔Sambucus chinensis Wall.〕，食果和根叶。夏季采集，果实

---

① 尹绍亭：《人与森林：生态人类学视野中的刀耕火种》，云南教育出版社，2000年。

雷公打牛村的陈大家在原始森林里采剥回来的野生桂皮

南科新寨的龙某某在箐沟边采集野生芭蕉花

坪河下寨村边自然生长的野生竹笋

生食；根叶煎水内服治水肿。（16）多依〔Docynia delavayi（Fr.）Schneid.〕，食果实和树皮。一年四季可采集。除果实生食外，树皮煎水内服治肠炎、痢疾。（17）山菠萝〔Pandanus furcatus Roxb.〕，食用果和根叶。秋冬采果，四季采根叶。除果实生食外，根叶煎水内服治感冒发热。（18）橄榄〔Phyllanthus emblica L.〕，食果和皮。秋冬采果，四季采树皮。除生食果外，树皮煎水内服治急慢性肠炎。（19）钻地风〔Rubus obcordatus Fr.〕，食果和根。春夏采果，四季采根。除生食果外，根煎水服治痢疾。（20）野花椒〔Zanthoxylum phanispinum Sieb. et Zull.〕，食果和根叶。秋季采果，四季采根叶。根果泡水内服治风湿性关节炎。（21）露兜〔Pandanus gressibii B. O. stone.〕，食根果。秋季采果，四季采根。除生食果外，根煎水服治便秘。（22）水茄〔Solanum torvum Swartz〕，食根果。春季和夏季采果，四季采根。果实煮食；根煎水内服治扁桃腺发炎。（23）刺天茄〔Solanum indicum L.〕，食根和果。一年四季采根叶，秋季采果实。根叶煎水内服治胃痛；果实煮食。（24）番石榴〔Psidium guajava L.〕，食果实和叶。夏季和秋季采果，四季采叶。除生食果外，生食叶治痢疾。（25）羊屎果〔Canthium Paruifolium.〕，食果实。夏季采集，食生果。（26）鸡嗉子果〔Ficus semicordata.〕，食果。夏季和秋季采食生果。（27）野木瓜〔Chaenomeles sinensis〕，食果。夏季和秋季采集，生食果实外，可切成丝凉拌或炒食。（28）钮子果〔Actinidiakolomikta〕，食果。春季采集，生食果。（29）酸泡果〔Rubus foliolosus〕，食果和根。春季采果，秋冬采根。果实泡酒服治风湿。不知拉丁语名称的有乌鸦果、猴头果、藤蔑果、揉揉果等30种以上。①

---

① 王万贤、杨毅主编：《野生食果资源与产品开发》，武汉大学出版社，1998年。

坪河下寨村边生长的野生无花果

5. 菌类采集季节和食用方法。菌类有：（1）云南绒盖牛肝菌〔Xerocomus yunnanensis（Chiu）Tai.〕，初夏雨季采集，切片炒食。（2）黄柄牛肝菌〔Boletus miniato-Frost.〕，夏季和秋季采集，食法同上。（3）华丽牛肝菌〔Boletus magnificus Chiu〕，采集时间和食法同上。（4）密褶绒白乳菇〔Lactarius subvellereus Peck〕，夏季到冬初采集，无毒，可生食；最好切片炒食。（5）多汁乳菇〔Lactarius volemus Fr.〕，采集季节和食用方法同上。（6）绿头菌〔Russula virescens（Schaeff.ex zanted）Fr.〕，夏季和秋季采集，菌子切成片后，过一遍开水后，炒食。（7）裂褶菌〔Schizophullum commune Fr.〕，一年四季都可采集，炒食或炖食。（8）紫孢侧耳〔Pleurotus sapidus（Schulz.）Sacc.〕，秋季和冬季采集，煮食或炒食。（9）香菇〔Lentinus edodes（Berk.）Sing.〕，夏季和秋季采集，炒食和炖食；晒干后可以生食。（10）小果鸡㙡菌〔Termitoyces microcarpus（Berk.et Bt.）Heim.〕，夏季采集，煮汤或炒食。（11）粗柄鸡㙡菌〔Termitomyces robustus（Beeli）Heim.〕，采集季节和食用法同上。（12）盾尖鸡㙡菌〔Teemitomyces clypeatus R.Heim〕，采集时间和食用方法同上。（13）光硬皮马勃〔Scleroderma cepa Pers.〕，夏季和秋季采集。除马勃切片炒食外，晒干磨成粉后还可作止血药。（14）彩色豆马勃〔Pisolithus tinctorius（Pers.）Coket&couch〕，采集时间和食用方法同上。（15）黑木耳〔Auricularia auricular（L.ex Hook.）Underwood.〕，春季至秋季采集。除凉拌和炒食外，可作保健食品。（16）毛木耳〔Auricularia polytricha（Mont.）Sacc.〕，采集季节和食用方法同上。（17）疣孢黄丛枝〔Ramaria flava（schaeff.ex Fr.）Quel.〕，夏季和秋季采集。切片炒食。（18）小孢黄丛枝〔Ramaria flavor-brunescens（Atk.）cornet〕，采集时间和食用方法同上。（19）红顶黄丛枝〔Ramaria rufescens〕，采集季节和食用方

法同上。（20）灰树花〔Polyporus frondosus（Dicks.）〕，一年四季都可采集。炒食和炖食。（21）树花〔Polyporus fimbriatus Fr.〕，采集时间和食用方法同上。（22）地花菌〔Albatrellus confruens（Alb. &Schw：Fr.）Kotl.&Pouz.〕，夏季和秋季采集。剁细炒食和炖食。（23）奇丝地花菌〔Albatrellus dispansun（Lloyd）canf.&Cilb〕，采集时间和食用方法同上。（24）大孢地花菌〔Albatrellus ellus ellisii（Berk.）Pouzar.〕，采集季节和食用方法同上。（25）格纹鹅膏〔Amanita fritllaria（Berk.）Sacc.〕，采集时间5—11月。把菌切成片，过一遍开水后炒食。（26）红黄鹅膏〔Amanita hemibapha（Berk.&Broome）Sacc.〕，采集时间和食法同上。（27）中华鹅膏〔Amanita sinensis Zhu L.Yang〕，采集时间和食方法同上。（28）角锥白鹅膏〔Amantia virgineoides Bas〕，采集季节和食法同上。（29）袁氏鹅膏菌〔Amanita yuaniana Zhu L.Yang〕，采集时间和食法同上。（30）败育假密环菌〔Armillarieliia tabescens（scop.：Fr.）singet〕，夏季和秋季采集。洗净炒食。（31）皱木耳〔Auriclaria delicata（Fr.）Henn.〕，采集时间5—10月。凉拌或炒食。（32）双色牛肝菌〔Boletus bicolor Peck〕，夏季和秋季采集。洗净炒食。（33）茶褐牛肝菌〔Boletus brunneissimus E.F.Chiu〕，采集季节和食法同上。（34）鸡油菌〔cantharellus cibarius L.：Fr.〕，采集时间5—11月。切片炒食。（35）红鸡油菌〔Antharellus Cinnabarinus Schwein.〕，采集时间和食法同上。（36）小鸡油菌〔Cantharellus minor Peck.〕，采集季节和食法同上。（37）秃马勃〔Calvatia cyathiformis（Bosc）Morgan〕，夏季和秋季采集。切片炒食。（38）灰黑喇叭菌小孢变种〔Craterellus cornucopioides Var.pavisporus Heinem〕，夏季和秋季采集。菌切成片，用开水焯一道后，再炒食。（39）集生亚肉齿菌〔Hydnellum cumulatum K.A.Harriosn〕，

采集时间一般为夏季和秋季。菌剁细后炒食或炖食。（40）近似白耙齿菌〔Rpex cf. lacteus〕，采集时间和食法同上。（41）松乳菇〔Lactarius deliciousus（L.：Fr.）Gray〕，采集时间为4—12月，除生食外，可以切片炒食。（42）鳞盖斗菇〔Lentinus squarrosulua（Mont.）singer〕，一年四季可采集。菌切片炒食和剁细炖食。（43）烟色离褶伞〔Lphyllum fumosum（Pers.：Fr.）P.D.orton.〕，夏季和秋季采集。切片煮汤或炒食。（44）玉蕈离褶伞〔Lyophyllum Shimeji（kozwam.）Hongo.〕，采集时间和食法同上。（45）亚洲丛枝瑚〔Ramaria asiatica（R.H.Petersen &M.Zang）R.H，Petersen〕，夏季和秋季采集。切片炒食。（46）美丽红菇〔Russula lepida Fr.〕，采集时间5—10月，煮汤或炒食。（47）丝膜灰口蘑〔Tricholoma myomyces（Pers.：Fr.）Lange〕，采集时间为5—10月。切片煮汤或炒食。（48）松口蘑〔Tricholoma matsutake（S.lto&S.lmai）singer〕，采集时间为4—12月。切片过一遍开水后炒食。（49）短柱肖菝葜〔Heterosmi Lax yunnanensis〕，食果。秋季和冬季采集。果实生食。（50）大花金钱豹〔Campanumoeoz javanica〕，食果实和块根。秋季和冬季采集。果实生食；块根炖蛋作补药。（51）苹果榕〔Flicus oligodon〕，食果实。秋季采集食生果。（52）短刺栲〔Casyanopsis echinocarpa〕，食果。秋季和冬季采集。生食果核肉。不知拉丁语名称的还有10多种。①

以上是莽人采集野生食用植物种类和方法，他们不仅掌握了被采集植物的生物学特性，而且非常熟悉它们与生态环境的关系，同时具备了关于采集的季节、不同采集植物的分布，以及加工、食用、药用等等丰富的知识。

---

① 王向华、刘培贵、于富强等：《云南野生商品蘑菇图鉴》，云南科技出版社，2004年；云南卫生防疫站主编：《云南食用菌与毒菌图鉴》，云南科技出版社，1988年。

在坪河中寨后山原始森林里老树上生长的野生蘑菇

坪河中寨的龙四学在箐沟边采集野生菌

二、野生食用植物的利用和保护方法

从莽人长者的讲述和他们游居过的遗迹分析，大约从19世纪20年代至20世纪50年代初的100多年间，分布在4795万平方米深山老林之中的莽人，一直过着居无定所的采集生活。他们在一个地方生活时间的长短，大多取决于森林中野生食物的多寡，少者2—3年，多者10多年（那时莽人已经使用铁器，但由于无现金来源，许多人家买不起铁器工具，仍用木锄、木棒来进行播种）。其实莽人刀耕火种生产的粮食远远满足不了自身的需求。因此，在很大程度上必须依靠采集。据南科新寨陈进兴之父陈大（时年72岁）说："我小的时候，我们一家六口人居住在那折坡上，因有一年到三月底就吃光了玉米，后来父母带我们全家搬到草果坪居住。那一年我们全家靠采野菜、野果充饥。"当时莽人大多数人家一年中有5—6个月的时间靠采集为生，有的人家采集时间甚至长达8—9个月。没有粮食吃。采集要根据资源和季节不断地迁徙，不断地变换居所。

莽人采集野生食用植物的方式繁多，从植物的根（茎）到嫩叶，从植物的花到果实，从植物的皮到心，从花、树到菌类，应有尽有。原始森林的富饶，虽然给他们提供了极为丰富的采集资源，但是，通过多年的采集，他们也认识到过度采集会导致资源被破坏，所以在采集的过程中，同时采取一些保护措施，其利用方式和保护方法如下：

1. 根（茎）类植物的保护和利用。从笔者对莽人的调查来看，莽人对根（茎）类植物的认识较为有限，也比较直观。所谓有限，指的是可采集的种类不多，只有葛根、百合、山药、芭蕉根等。但他们知道怎样持续利用这些根（茎）类植物。例如，莽人用小木棍或者竹签来采取肥大的山药根、葛根等时，通常是在离主干10—

20厘米处，用木锄或者铁锄把土挖开；然而根部瘦小的部分则不挖取，有意识地留下做种，再把挖出来的土填回原处，目的是使留下的植物根茎（种）能够再次生长。3—5年后，又可重新采集食用。

2．嫩叶和果类植物的保护和利用。莽人长期生活在苍莽的原始森林之中，许多植物的叶子和果实往往成为其主要的食物来源。在长期的采集活动中，他们掌握了哪些植物生长在高山、深箐，哪些植物尖叶和花果何季何时可采食，还懂得如何保护和利用这些野生植物。他们不会因为采摘叶和果而损害这些植物，如遇高大的可采集的乔木时，会尽可能地攀树采摘，或者用其他工具钩取采摘，绝不会把树砍倒。

3．皮和笋类植物的保护和利用。一些植物的皮和竹笋等是莽人采集食用的物品，采集剥皮也有丰富的经验。剥松树、杨梅、肉桂、橄榄等树的皮时，只剥离树干的一半皮，以防树木死去。在他们的日常生活中，吃、住、行都离不开竹子。因此，他们对竹笋的采集非常注意。例如，一蓬竹子中先破土而出的笋被称为主干笋，这批主干笋一般不能采食，其目的是保护竹篷的繁盛。通常采集食用的只是后出土的侧支笋。另外，莽人建房需要许多竹子，他们在砍伐竹子时，每片竹林中都只砍几棵，而不把整个竹林全部砍掉。这样便不会破坏竹林。

4．野生食用菌类的保护和利用。莽人采集野生菌与采集其他植物不一样。采集其他植物一般是两三家的四五个人一起上山采集，而采集野生食用菌，则是一家一户上山采集。笔者从坪河中寨、坪河下寨等村采访的农户中了解到，之所以菌类采集由个人进行，原因是避免菌窝被别人发现。莽人采菌子时只采大的，一些老菌子让其自行腐烂，待明年雨季，老菌子腐烂的地方会生长出更多的菌子。

从以上莽人的野生食用植物的采集方法中，我们可看到，莽人

莽人采挖野生山药的方法是山药的上部分根部留做种，下部分取回食用

作为一个原始族群，已经掌握了被采集植物的生物学特性及其与生态环境的关系，并掌握了植物的利用和保护方法。对于一个原始族群而言，这些方法不仅是莽人先民在长期采集生活中总结出来的，而且是莽人社会历史发展的真实写照。

三、其他民族进入莽人聚居区后的生态保护

如前所述，莽人生存是主要靠采集原始森林中的野生食用植物，如果没有丰富的植物，莽人是不可能延续至今的。至20世纪70年代，莽人在这片森林中已经采集生活了100多年。虽然如此，但当地的森林资源并没有遭到破坏。他们一直沿袭着利用与保护相结合的传统。

20世纪80年代后，实行改革开放政策，外地商贩纷纷涌入莽人聚居区，收购草果、药材、木耳、香菌，或直接到林区采集药材和野生食用植物，甚至到林中偷偷开荒种植草果，滥采滥伐，大肆破坏生态资源。例如，见到大树上生长的黄草（一种高级药材），由于树干高大，人爬不上去，就砍倒大树采药；见到地面生长的野田七（三七树），也不管大小，就全部连根拔走。采集野生食用植物也如此，见到野果砍树摘，见到块根食用植物就连根全部挖掉。其破坏性的利用和不文明的采集，不仅破坏了莽人传统采集方式，而且使该地区的生物多样性遭到了破坏。另一方面，因受其他民族和市场经济的影响，莽人的优良传统也逐步丧失，陋习随之而来，出现了滥采食用植物和药材的现象，甚至还出现了小偷。如今，莽人中有了商贩，在村里收购药材和土特产品，他们将所收购的土特产品运到乡镇集市上销售后，购回食盐、味精、烟、酒等日常生活用品，在村里销售，有了自我经济发展意识，并认为这种自然资源

可以永续利用。然而事实并非如此,尽管许多生态系统和被采集的植物种群具有一定的恢复能力,但以经济发展为由,过度利用其资源,将会把莽人聚居区的生态环境推向难以恢复的境地。

综上所述,我们可以看出,其他民族进入莽人聚居区以后,虽给当地的经济社会发展带来了一定的促进作用,但对当地的自然生态环境却带来了一定的破坏。如何继承、发扬莽人对保护自然生态环境的传统保护经验,运用现代科技知识,对当地自然生态环境进行全面的保护,让人与自然和谐相处,以促进当地社会经济的全面发展,是摆在我们面前的迫切任务。因此,研究该地区如何禁止滥砍滥采及如何保护生物多样性等一系列问题,让该地区的生物资源得到合理利用和保护,是我们大家的共同责任。同时,在认真研究的基础上,有关部门还应结合莽人传统生态资源的保护,制定行之有效的地方保护法规,并通过法规的贯彻实施,促进当地经济社会的可持续发展。

附录三：
莽人调研纪事

今天屈指一算，笔者对莽人社会历史调查研究已整整30余年（1989年11月至2021年2月）了，在这30余年间，先后到莽人村寨调研135次。所以，本书开篇序言标题为《与莽人30余年的不解之缘》。下面简要介绍笔者每次到莽村调研的实情。

一九八九年

第1次，11月5—20日，先后到南科寨、坪河中寨、坪河下寨、雷公打牛村等4个村寨，在南科新寨陈大、坪河中寨陈二、坪河下寨龙三、雷公打牛村罗大等人的陪同下，调查4个莽人村寨的生产生活和社会历史背景。共用16天，其中走路9天，实际调查7天。

一九九〇年

第2次，3月12—19日，到南科新寨调查村史和生产生活情况，访谈者是该村陈大（62岁）和大罗大（72岁）。

第3次，11月20—27日，到坪河中寨调查村史和生产生活状况，访谈者是该村龙三（60岁）、陈大（68岁）、龙小大（72岁）、龙大（59岁）等人。

一九九一年

第4次，2月4—15日，先后到南科新寨、坪河中寨、坪河下寨，

1991年2月4—15日,笔者在莽人4个村寨做民族学田野调查。图为笔者与陈二在坪河下寨独家村

雷公打牛村,重点调查了刀耕火种和水田农耕情况,访谈者是4个村寨的长老。

第5次,5月8—14日,到坪河中寨和坪河下寨调查村史和经济生活情况,访谈者是坪河中寨龙三、陈大和坪河下寨刀义明(52岁)、陈小大(49岁)、小龙大(68岁)等人。

第6次,12月12—28日,到雷公打牛村调查村史和经济生活状况,访谈者是该村陈大(72岁)、小陈大(68岁)、龙大(92岁)等人。

一九九二年

第7次,2月10—15日,到坪河中寨调查婚姻家庭状况,访谈者是该村龙二（65岁）、陈二妹（59岁）、陈大妹（45岁）、龙大妹（62岁）等人。

第8次，6月4—11日，到雷公打牛村调查婚姻家庭状况，访谈者是该村小陈大（68岁）、罗大（65岁）、陈二妹（65岁）、陈央妹（72岁）等人。

一九九三年

第9次，5月21—27日，到南科新寨调查婚姻家庭状况，访谈者是该村盘大妹（52岁）、陈三妹（60岁）、罗大（72岁）等人。

第10次，11月3—8日，到坪河下寨调查婚姻家庭状况，访谈者是该村小龙大（68岁）。

一九九四年

第11次，2月20—27日，到南科新寨调查婚俗和生育礼仪情况，访谈者是该村盘大妹（52岁）、陈三妹（60岁）、罗大（72岁）等人。

第12次，10月5—12日，到坪河中寨和坪河下寨调查婚俗和生育礼仪情况，访谈者是坪河中寨龙二（65岁）、陈二妹（59岁）和坪河下寨刀义明（52岁）、小龙大（68岁）等人。

一九九五年

第13次，1月10—16日，到雷公打牛村调查丧葬礼仪情况，访谈者为该村龙云（65岁）、陈二（48岁）、龙大（59岁）等人。

1995年1月10—16日，笔者在雷公打牛村参加葬礼

一九九六年

第14次，3月26日至4月3日，到坪河中寨调查丧葬礼仪情况，访谈者是该村龙云（65岁）、陈二（48岁）、龙大（59岁）等人。

第15次，11月8—12日，陪同红河州人大常委会民族工作委员会领导到雷公打牛村调研有关族属问题。

一九九七年

第16次，1月12—17日，到南科新寨调查丧葬礼仪情况，访谈者是该村罗大（72岁）、陈进兴（51岁）等人。

第17次，3月10—19日，带莽人干部到西双版纳、昆明等地参观。

第18次，5月16—19日，到金平县参加红河州民族事务委员会和金平县人民政府召开的莽人族属讨论会。

第19次，10月4—12日，与金水河镇教管会副主任龚学元到雷公打牛小学调研适龄儿童入学情况。

一九九八年

第20次，1月11—17日，与金水河镇教管会常务副主任王永红到坪河中寨小学调研新校址情况。

第21次，3月2—3日，陪同金平县教育局领导到南科中心校调研校址情况。

第22次，3月18日，陪同金平县扶贫办领导到南科新寨调研扶贫

1998年1月11—17日，笔者与金水河镇教管会常务副主任王永红到坪河中寨小学调研。图为笔者与王永红（左）去坪河中寨途中

工作情况。

第23次，4月25—29日，与金水河中学教师宋保兴到坪河中寨调查学生逃学情况。

第24次，5月28日至6月2日，与金水河镇教管会的钱志明同志到乌丫坪中心校和雷公打牛小学调研教学情况。

第25次，8月6—7日，陪同金平县教育局领导到南科中心校调研搬迁情况。

第26次，8月18—19日，陪同金平县教育局领导到南科中心校调研新校址测量情况。

第27次，9月1—5日，到坪河中寨和坪河下寨调查贫困人口情况。

第28次，9月10—12日，到南科村委会调研扶贫工作情况。

第29次，9月18日，陪同红河州民委领导到南科新寨调研民族工

1998年11月12—20日，笔者给"莽人妇女生产生活常识培训班"的学员发蔬菜种子和路费

作情况。

第30次，10月8—10日，陪同云南民族大学师生到南科新寨进行社会历史调查。

第31次，10月20—22日，陪同红河州卫校师生到南科新寨调研生理卫生情况。

第32次，11月12—20日，到南科村委会培训莽人和苦聪人生产生活常识。

第33次，11月28—30日，到雷公打牛村培训生产生活常识。

第34次，12月1—4日，到坪河中寨和坪河下寨培训生产生活常识，同时调查莽人宗教习俗。

第35次，12月5—7日，到南科新寨调查莽人宗教习俗。

第36次，12月26—27日，陪同红河日报社记者到南科新寨采访。

一九九九年

第37次，1月26日，到南科村委会指导工作。

第38次，2月5日，陪同红河州民政局领导到南科新寨调查贫困人口情况。

第39次，2月13日，陪同红河州委领导到南科村委会调研。

第40次，3月8—9日，到坪河中寨和坪河下寨调研生产生活情况。

第41次，3月21—22日，陪同云南电视台记者到雷公打牛村采访。

第42次，3月26—27日，陪同红河州文联领导到南科新寨采风。

第43次，4月10日，陪同金平县政府领导到南科村委会调研。

第44次，4月14日，陪同金平县水电局领导到南科新寨调研人畜饮水情况。

第45次，4月20日，陪同红河州人大常委会领导到雷公打牛村调研扶贫工作情况。

第46次，4月27日，陪同金平田房锡矿领导到雷公打牛村调查贫困人口情况。

第47次，5月17日，陪同云南省民族研究所老领导到南科新寨调查。

第48次，6月1日，到南科中心校了解在校学生生活情况。

第49次，6月12—17日，与镇卫生院的医生到坪河中寨和坪河下寨向群众宣传传染病知识和发放防疫药品。

第50次，6月26日，陪同金平县民族局领导到雷公打牛村调研民族工作情况。

第51次，7月12日，陪同金平县电视台记者到南科新寨采访。

第52次，7月18日，陪同外交部下派到金平县任副县长的项雄同志到雷公打牛村调研扶贫工作情况。

第53次，8月10—12日，到南科村委会指导工作。

第54次，9月6日，陪同金平县民政局领导到南科新寨调研贫困人口情况。

第55次，9月10—12日，到南科村委会指导工作。

第56次，9月6日，陪同金平县民政局领导到南科新寨调研贫困人口情况。

第57次，9月8日，陪同金平县农业局领导到南科村委会调研农业生产情况。

第58次，9月10日，陪同红河州教育局领导到南科中心校调研教育工作情况。

1999年7月18日，笔者陪同外交部下派到金平县挂职的项雄副县长到雷公打牛村调研扶贫情况

第59次，9月27日，陪同金平县林业局领导到雷公打牛村调研林业工作情况。

第60次，10月9—13日，到坪河中寨和坪河下寨调查婚姻习俗情况。

第61次，10月28日，陪同金平县人大常委会领导到南科新寨调研扶贫工作情况。

第62次，11月4—6日，到雷公打牛村调查宗教习俗。

第63次，11月12日，陪同红河州扶贫办领导到南科村委会调研扶贫工作情况。

第64次，11月27—29日，陪同云南省社会科学院研究人员到南科新寨进行民族学田野调查。

第65次，12月12—14日，到雷公打牛村开展民族学田野调查。

1999年12月12—14日，笔者在雷公打牛村进行民族学田野调查。图为笔者向龙玉忠母亲采访莽人婚姻礼俗

第66次，12月22—23日，陪同云南民族大学教师到南科新寨调查。

第67次，12月25—30日，带莽人和苦聪人妇女到昆明参观学习。

二〇〇〇年

第68次，1月8—9日，陪同金平县水电局领导到南科村委会调研水利情况。

第69次，1月15日，与金水河镇教管会钱志明到坪河中寨和坪河下寨调研农业生产情况。

第70次，1月27日，陪同金平县林业局领导到南科村委会调研林业工作情况。

第71次，1月29日，陪同金平县政府领导到南科村委会调研。

第72次，2月27—30日，到坪河中寨调查经济文化生活状况。

第73次，3月8日，陪同金平扶贫办和水电局领导到雷公打牛村调研农业水利情况。

第74次，3月10—12日，到南科新寨调查神话传说故事。

第75次，3月26—27日，陪同金平县科协领导到南科村委会调研科普工作。

第76次，4月6日，陪同普角边防派出所领导到坪河中寨调研边境工作情况。

第77次，4月7日，陪同金平县民宗局领导到南科新寨调研民族工作。

第78次，4月7—8日，陪同金水河镇边防派出所领导到雷公打牛村调研边境工作情况。

第79次，5月10—12日，到坪河中寨和坪河下寨指导农业生产。

第80次，5月28日，陪同红河州文联领导到雷公打牛村采风。

第81次，6月16—17日，陪同红河州政协民宗委领导到南科新寨调研民族工作情况。

第82次，6月30日至7月7日，参加坪河下寨陈某某葬礼。

第83次，8月11—12日，陪同金平县民政局领导到南科村委会调研莽人和苦聪人生产生活情况。

第84次，8月9日，陪同金平县民宗局领导到雷公打牛村调研边境民族工作情况。

第85次，9月3—6日，到南科接送刀文兴和罗素芬到红河州民族师范学校读书。

第86次，10月8—11日，到南科接送陈素珍到红河州民族师范学校读书。

第87次，11月18—22日，参加雷公打牛村陈某某葬礼。

二〇〇一年

第88次，1月4—8日，参加坪河中寨龙某某婚礼。

第89次，3月14—17日，带红河州民族研究所龙保贵、罗有亮等人到南科新寨调研贫困人口情况。

第90次，5月16—17日，陪同红河州政协民宗委领导到南科村委会调研有关族属问题。

第91次，11月11—15日，带红河州民族研究所李德林、钱红等人到南科村委会调研扶贫工作情况。

第92次，11月18—25日，带莽人妇女到昆明参观。

二〇〇二年

第93次，1月12—16日，带红河州民族研究所李德林等人到南科村委会调研扶贫挂钩点情况，同时调查莽人风俗习惯。

第94次，4月25—26日，与金平县科协、金水河镇政府等单位在南科新寨召开莽人栽种杂交水稻产量测量现场会。

第95次，6月2—10日，到南科新寨、坪河中寨、坪河下寨、雷公打牛村进行民族学田野调查。

第96次，9月16—21日，陪同金平县民宗局到雷公打牛村、坪河中寨、坪河下寨、南科新寨调研边境民族工作情况。

第97次，11月17—22日，到南科新寨看望扶贫户粮食收入

2002年4月25日,笔者在南科新寨龙凤村收割杂交水稻现场会上讲话

情况。

第98次,12月26—27日,陪同红河州政协民委领导南科村委会调研边境民族工作情况。

二〇〇三年

第99次,2月26—29日,到南科村委会指导扶贫挂钩点工作。

第100次,6月10—13日,到坪河中寨和坪河下寨调查宗教习俗。

第101次,11月21—30日,与红河州第二人民医院医务人员一起到雷公打牛村、坪河中寨、坪河下寨、南科新寨给莽人群众进行体检、看病治疗。

2003年11月21—30日，笔者请红河州第二人民医院医务人员到金平莽人村寨给莽人群众免费体检、看病。图为医务工作者在坪河中寨小学留影

二〇〇四年

第102次，1月11—13日，到南科村委会调研扶贫挂钩点情况。

第103次，3月12—16日，陪同云南省民间文艺家协会和云南省新闻记者协会到南科新寨采访。

第104次，5月6—8日，陪同红河州政协民宗委领导到雷公打牛村调研扶贫工作情况。

第105次，8月20—24日，到南科新寨和雷公打牛村调查生态环境情况。

第106次，10月18—21日，与红河州委民族工作领导小组副组长、州人大副主任李光明等人，到南科新寨莽人村调研莽人传统文化和生产生活状况。

二〇〇五年

第107次，2月25日至3月5日，到雷公打牛村、坪河中寨、坪河下寨、南科新寨补拍莽人婚俗图片。

第108次，3月31日至4月2日，与红河州民族研究所李机斗、钱红等人到南科新寨扶贫点调研莽人和苦聪人生产生活情况。

二〇〇六年

第109次，7月5—10日，到南科新寨调研，补充生态文化材料和图片资料。

二〇〇七年

第110次，3月9—10日，与红河州民族研究所马岑晔、孙保亮等人到南科村委会调研布朗族（莽人）、拉祜族、苗族、瑶族、哈尼族等生产生活情况。

第111次，9月29日至10月2日，与红河州民族研究所罗有亮、马岑晔，金平县宗教局局长李志学等同志，在莽人村寨和苗村了解越方边民情况。

二〇〇八年

第112次，1月29日至2月1日，陪同刘平副省长到金平县莽人村寨，他代表云南省委、省政府慰问莽人群众。

2008年1月29日，笔者陪同云南省副省长刘平到金平县莽人村寨，他代表云南省委、省政府慰问莽人群众（左一为金平县县长马宁，左二为笔者，左三为红河州政府秘书长马文完，右二为副省长刘平，右一为红河州州长杨福生）

2009年6月15—20日，笔者陪同央视记者刘树文等人到牛场坪村拍摄莽人生产生活情况。图为笔者和牛场坪村老党员罗开文接受央视记者采访

二〇〇九年

第113次，3月5—8日，与红河学院李凯冬、施建光等人到金平县莽人村寨调研莽人情况。

第114次，6月15—20日，陪同中央电视台策划记者霍宏宇、刘树文记者拍摄CCTV-7《聚焦三农》节目，同时陪同省扶贫办张平处长视察莽人搬迁情况。

二〇一〇年

第115次，4月27日，陪同刘平副省长等人到龙凤村和牛场坪村调研莽人综合扶贫项目实施情况。

二〇一一年

第116次，10月12—13日，与王亚军、黄明生等人到莽人村寨搜集莽人口碑古籍。向民间艺人陈进兴、罗建明等人采访民间故事。

二〇一二年

第117次，12月8—11日上午，在金平与中央电视台录《乡约在金平》节目，11日下午至12日，与学校宣传部部长佟光星、副部长杨申宣等人在龙凤村向莽人群众宣讲党的十八大精神。

2012年12月8—11日,笔者第一时间到金平县南科村委会向龙凤村莽人群众宣讲党的十八大精神

二〇一三年

第118次,12月8日,与校师政部龙庆华主任等11人到龙凤村进行莽人经济社会文化发展情况调研。

二〇一四年

第119次,5月16日,与李有顺一起到龙凤村进行莽人生产生活变迁情况调查。

二〇一五年

第120次,1月8日,与李凯冬一起进行龙凤村莽人和联防村苦聪

2014年5月16日,笔者杨六金(左)在龙凤村向莽人民间艺人罗建明(右)和陈小华(中)采访民间文学

人跨国婚姻及吸毒贩毒情况调查。

第121次,8月30日,与李凯冬、龙庆华、洪亮、陈炼等人到南科村委会调查农村基层党组织建设情况,同时调查龙凤村莽人和联防村苦聪人跨国婚姻及吸毒贩毒情况。

二〇一六年

第122次,4月28日,陪同红河学院党委书记陈永明、党委办公室主任佟光星、生命学院院长刘艳红博士等人调查龙凤村莽人和联防村苦聪人生产生活状况。

2017年10月23—24日，笔者带领部分红河学院师生第一时间到金平县南科村委会向龙凤村莽人群众宣传党的十九大精神

二〇一七年

第123次，7月9—13日，在金水河镇副镇长曹辉同志的陪同下，笔者和红河学院音乐学院党委书记李思华、马克思主义学院党委宣传部部长王沣、音乐学院15个学生到南科莽人村和苦聪人村开展"三下乡"活动，白天宣讲党和政府的有关政策，晚上与群众开联欢晚会。

第124次，10月23—24日，在金水河镇副镇长曹辉等同志的陪同下，和红河学院党委宣传部部长郭建军、马克思主义学院院长龙庆华、马克思主义学院党委宣传部部长王沣及6位学生一起到金平县金水河镇南科村委会向龙凤村莽人和联防村苦聪人宣讲党的十九大精神。

2018年9月30日,笔者陪同斯里兰卡佩拉德尼亚大学专家学者到金平县莽人村寨考察

二〇一八年

第125次,3月15日,陪同红河学院党委书记杨季、党委办公室主任黄明生、党委组织部部长李兴权、党委宣传部部长郭建军等人到金平县金水河镇南科村委会调查龙凤村莽人和联防村苦聪人精准扶贫情况。

第126次,9月30日,陪同斯里兰卡佩拉德尼亚大学人文学院Dr. Ramani Hettiarachchi, Dr. Rohitha Dasanayaka Kulatunga Mudiyanselage, Dr. Sumudu Manori Dharmarathna, Ms. Ramesha Dulani Jayaneththi一行4人到金平县金水河镇南科村委会进行龙凤村莽人社会历史情况调查。

二〇一九年

第127次,4月20—21日,和李凯冬、许薇等人到金水河镇查阅莽人统计报表,并到莽人村寨调研精准扶贫情况。

第128次,8月16—17日,和陈炼博士、杨跃雄等人到金水河镇乌丫坪村委会牛场坪村和南科村委会平和村调研莽人脱贫情况。

第129次,11月4—6日,陪同建平县教育局领导到南科村委会龙凤村调研莽人教育情况。

二〇二〇年

第130次,1月8—9日,到乌丫坪村委会牛场坪村补拍脱贫图片。

第131次,5月10—20日,和金水河镇党委宣传委员李冬梅,县

笔者陪同甘雪春校长(左二)、关凯院长(右二)、钟瑞华副教授(右一)到焕然一新的龙凤村调研

笔者杨六金（左二）、于兰（右二）与龙凤村党支部书记陈小华（左一）、平和村民小组长龙有明（右一）在南科小学合影

新闻中心记者罗文斌到乌丫坪村委会牛场坪村和南科村委会平和村、龙凤村调查莽人精准脱贫情况，并拍摄其种植养殖业情况。

第132次，6月13日，陪同红河学院甘雪春校长和云南大学民族学与社会学学院院长关凯、云南省社会主义学院钟瑞华副教授等人到金平县金水河镇南科村委会龙凤村考察莽人社会经济文化变迁情况。

第133次，8月6日，陪同云南中医药大学段忠玉博士、宋波教授等人到金平县金水河镇乌丫坪村委会牛场坪村调查莽人传统医疗卫生情况。

第134次，12月5日，在金水河镇原副镇长、现金平县教体局曹辉局长的陪同下，和于兰到金平县金水河镇南科村委会龙凤村考察莽人社会经济文化和传统文化变迁情况。

第135次，12月27日，笔者与红河州社科联科研部主任、副研究员马岑晔在金平县金水河镇南科村委会平和村给莽人群众宣讲党的十九届五中全会精神。

杨六金教授在宣讲党的十九届五中全会精神

宣讲结束后合影

参考文献

[1] 尤中. 云南民族史[M]. 昆明：云南大学出版社，1994.

[2] 宋恩常、李老腰. 云南省红河哈尼族彝族自治州金平县苦聪人社会经济调查（附：金平县第三区普角乡插满人社会经济调查）. 内部铅印，1960.

[3] 王士录. 当代越南[M]. 成都：四川人民出版社，1992.

[4] 杨堃. 民族学概论[M]. 北京：中国社会科学出版社，1984.

[5] 汪宁生. 文化人类学调查：正确认识社会的方法[M]. 北京：文物出版社，1996.

[6] 陈相木、王敬骝、赖永良编著. 德昂语简志[M]. 北京：民族出版社，1986.

[7] 周植杰、颜其香. 佤语简志[M]. 北京：民族出版社，1984.

[8] 李根蟠、卢勋. 中国南方少数民族原始农业形态[M]. 北京：农业出版社，1987.

[9] 慕容翊. 中国古今姓氏辞典[M]. 哈尔滨：黑龙江人民出版社，1985.

[10] 申旭. 中国西南与东南亚的跨境民族[M]. 昆明：云南民族出版社，1988.

[11] 陶立璠. 民俗学概论[M]. 北京：中央民族学院出版

社，1987.

[12] 史凤仪. 中国古代婚姻与家庭［M］. 武汉：湖北人民出版社，1987.

[13] 雷昀、雷希. 道德的起源［M］. 昆明：云南人民出版社，1999.

[14] 苗启明、温益群. 原始社会的精神历史构架［M］. 昆明：云南人民出版社，1993.

[15] 邢淑敏、许杭. 新编妇产科临床手册［M］. 北京：金盾出版社，1992.

[16] 龚友德. 原始信息文化［M］. 昆明：云南人民出版社，1996.

[17] 《布朗族简史》编写组编. 布朗族简史［M］. 昆明：云南人民出版社，1984.

[18] 《民族问题五种丛书》云南省编辑委员会编. 布朗族社会历史调查［M］. 昆明：云南人民出版社，1982.

[19] 《德昂族简史》修订. 德昂族简史［M］. 北京：民族出版社，2008.

[20] 〔美〕亨德里克·威廉·房龙. 文明的开端、奇迹与人［M］. 刁一恒等，译. 北京：北京出版社，1999.

[21] 尹绍亭. 森林孕育的农耕文化：云南刀耕火种志［M］. 昆明：云南人民出版社，1994.

[22] 尹绍亭. 人与森林：生态人类学视野中的刀耕火种［M］. 昆明：云南人民出版社，2000.

[23] 王万贤、杨毅主编. 野生食果资源与产品开发［M］. 武汉：武汉大学出版社，1998.

[24] 杨毅、傅运生、王万贤主编. 野菜资源及其开发利用

［M］．武汉：武汉大学出版社，2000．

［25］许建初主编．云南金平分水岭自然保护区综合科学报告集［M］．昆明：云南科技出版社，2002．

［26］王向华、刘培贵、于富强．云南野生商品蘑菇图鉴［M］．昆明：云南科技出版社，2004．

［27］阿海、王有柱、里二搜集整理．西双版纳哈尼族医药［M］．昆明：云南民族出版社，1999．

［28］金平苗族瑶族傣族自治县人民政府编．云南省金平苗族瑶族傣族自治县地名志．内部印刷，1991．

［29］金平苗族瑶族傣族自治县地方志编纂委员会编．金平苗族瑶族傣族自治县志［M］．北京：读书·生活·新知三联书店，1994．

［30］全国干部培训教材编审指导委员会组织编写．决胜全面建成小康社会［M］．北京：人民出版社、党建读物出版社，2019．

［31］中共金平苗族瑶族傣族自治县委员会、金平苗族瑶族傣族自治县人民政府编．太阳下的村庄：金平县莽人综合扶贫工作纪实．内部印刷，2013．

［32］杨六金．金平莽人社会历史调查与族属研究．红河州民族事务委员会和红河州民族研究所内部印刷，1997．

［33］杨六金．云南与中南半岛民族研究［M］．呼和浩特：远方出版社，2002．

［34］杨六金．一个鲜为人知的族群：莽人的过去和现在——十六年跟踪实察研究［M］．昆明：云南人民出版社、云南大学出版社，2012．

后　记

著书立说的人，写完一部专著，习惯上总要写一些"前言""后记"之类的东西。对于自己，算是一个回顾和小结；对于读者，也是一个交代。

《百年巨变：布朗族莽人社会变迁》是笔者30余年跟踪莽人调查研究的一部分成果。本书不仅记述了过去莽人社会经济文化落后的状况，而且阐述了党和政府对莽人给予特殊的扶贫政策后，莽人实现了从"输血"向"造血"的转变，如今他们的社会经济文化得到了快速发展。特别有幸的是，该成果由云南人民出版社申报中共云南省委宣传部"2020年度滇版精品出版工程资金资助项目"，经过专家评审，获得了资助出版。

在本书调查收集的材料中，承蒙红河学院，云南大学艺术与设计学院，金平县委、县人大、县政府、县政协及县档案局、县民宗局、县教体局、县农业局，金水河镇党委、政府，南科村委会，乌丫坪村委会，牛场坪村、平和村、龙凤村等单位给予的不同方式的支持、鼓励和帮助；特别是我的好友罗家祥、汪致敏、徐义强、马岑晔等在书稿的编阅中，提出了许多中肯的修改意见；龙庆华、自正发、龙俣贵、郑伟林、罗有亮、李凯冬、曹贵雄、王亚军、文伟、费晓辉、杨跃雄、陈炼、尹清华、张锦好等师友，亦在百忙之中帮助收集材料、整理书稿，并提出了一些有益的修改建议；我女儿杨小彝翻译了书中的英文；好友曹绍清、李自明、罗文斌等人提供了数幅珍贵的图片；金平县莽人综合扶贫项目领导小组办公室也提供了部分资料和多幅珍贵图片；云南人民出版社本书责任编辑高照副编审为本书的出版花费了大量的时间和精力。可以说，没有他们的帮助和支持，此书不可能出版问世。在本书付梓之际，笔者向所有关心过、支持过的领导和师友致以最诚挚的谢意。

本书虽进行了多次修改和校对，但仍有许多不尽人意之处，甚至难免还有错误和疏漏之处，敬请专家和学者批评指正。

杨六金　于　兰